名言有毒

高鸣　著

文匯出版社

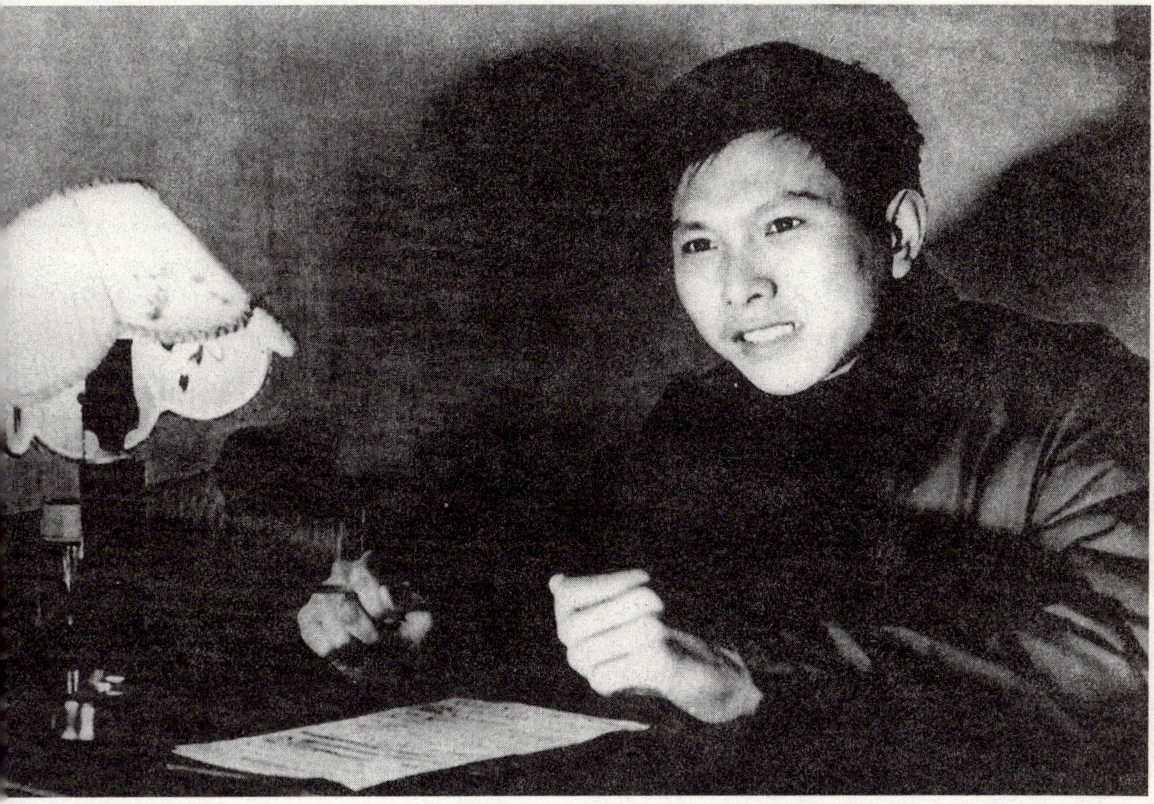

真理面前人人平等

——《名言有毒》自序

一

奶粉里有毒，这奶粉就不能吃了，吃了会中毒，吃了会死人。名言有毒，这名言还能读吗？可以的，但要带着批判的眼光去读，去反思。反思名言，有益于我们明辨是非，走近真理。

奶粉里的毒，是有人故意投的，目的是获取非法的经济利益，所以投毒者受人谴责，受法处之。《名言有毒》中的名言里的毒，不是说名言的名人明知故犯，他们自己也不知道何毒之有，毒在何处。说这些名言有毒，只是我的一得之见、一家之言。究竟是名言有毒，还是我无意中在放毒，还望读者朋友一起来评判。

二

人，总是要说话的。可凡夫俗子说得再好，也成不了名言，可谓人微言轻。而名人就不同了，名人说了一句经典的话，甚至只是一句偶发的牢骚话，或者在特定的场合激动时一句极而言之的话，往往就成了名言。

很简单，名人的话不等于名言，就是成了名言，也不可能句句是真理。可惜，人群中有相当部分的人，他们对名人是有崇拜心理的，进而对名人的话，尤其是名人的名言，更是粉丝得很，一“粉”，就不假思索了，就确信无疑了。这就麻烦了，这就会把有毒的名言“吃”下去，“中毒”而不知晓，变成自己价值观的一部分。由此可见，凡夫俗子说错了，影响不大，危害小小；名人说错了，且成了名言，问题就严重。因此，名人更当慎言；对名言中的毒，更当清除之。

三

有生以来，我大约读过上万句名言，得益着实不少，有时真有“听君一席话，胜读十年书”之感。总体来说，我对名人是钦佩的，甚至还有点感恩，因为我在他们的话语里学到了一些道理，他们是我不缴学费的老师。对他们的话进行反思，正好证明我对他们的话读得认真，读得用心，正好证明我对他们的尊重。

有朋友劝我别写这本书，生怕有人说我不知天高地厚自高自大，坏了我平时性格温和、待人宽厚的形象。可我谢了朋友的好意，却不听劝，因为我实在太喜欢讲道理了。

人，生来平等，所以，法律面前人人平等；所以，道德面前人人平等；所以，真理面前人人平等。在真理面前人人平等的理念下，人微，不等于言轻；伟人、名人，所说之话未必正确。名人的话就是成了名言，有的也是经不起推敲的，错误多多的，误人子弟的。

大凡名人，可称为智者吧，可智者千虑，必有一失。我是一个普通的人，自以为有点愚，可愚者千虑，必有一得。我想用我的“一得”，去攻名人的“一失”，因此有了《名言有毒》这本书。

目 录

1. 一千零一分之一

当我在一个恶人身上发现一个美德，我就原谅他的一千件恶行。

当我在一个善人身上发现一个伪善，我决不肯因为他的一千件善行而原谅他的一个伪善。

—— 周国平

当我在一个恶人身上发现一个美德，我不会原谅他的一千件恶行。因为一堆垃圾里有颗珍珠，依然是一堆垃圾。

当我在一个善人身上发现一个伪善，我愿意因为他的一千件善行而原谅他的一个伪善。因为一碗米饭里有只苍蝇，依然是一碗米饭。

—— 高 鸣

周国平

周国平的上述文字，我是在长江文艺出版社 2007 年 10 月出版的《周国平论人生》一书中读到的。

名人周国平的这句名言，给我的第一感觉是，他似乎对恶人特别宽容——在一个恶人身上发现一个美德，就原谅他的一千件恶行；而对善人却尤其苛刻——在一个善人身上发现一个伪善，决不肯因为他的一千件善行而原谅他的一个伪善。

我不知道，周国平为什么对“一千”看得那么轻，而对“一”反而看得那么重。我试想，他是不是把“一千件恶行”看成一堆垃圾，又突然在垃圾堆里发现了一颗珍珠，于是觉得那堆垃圾也变得可爱起来了；是不是把“一千件善行”看成一碗米饭，又突然在米饭里发现了一只苍蝇，于是觉得那碗米饭也变得令人恶心了。如果是这样，倒是有点人之常情，问题是常情代替不了常理，感性代替不了理性。正如毛泽东在《实践论》中所说：“感觉到了的东西，我们不能立刻理解它，只有理解了的东西才能深刻地感觉它。感觉只解决现象问题，理论才解决本质问题。”

在此，不妨对恶人的善行和善人的伪善作一理性分析。人，作为一个社会人，在遗传和社会环境的作用下，有些人成为善人，有些人成为恶人。人因为不是神，所以善人也做不到百分之百的善，所谓人无完人；人因为不是魔鬼，所以恶人也不可能百分之百地恶，难得也会做出一点善事来。然而，善人也好，恶人也罢，都是从量变到质变的。一个人长期做好事，量积累到一定程度，就是善人；反之，长期做坏事，量累积到一定程度，就是恶人。恶人偶尔发发善心，依然是恶人，固然偶发的善心也该认可。善人偶尔伪善，依然是善人，尽管偶尔的伪善也该否定。一碗米饭里有只苍蝇，依然是一碗米饭；一堆垃圾里有颗珍珠，依然是一堆垃圾。假如，像周国平说的那样，做了一千件坏事的恶人只要做一件善事，可以原谅他的话，那这个世界上没有不可以原谅的人了；做了一千件善事的善人只要一次伪善，就不能原谅的话，那这个世界上没有可以原谅的人了。按照周国平的逻辑，世人如要获得原谅，只能先做恶人，再做一点善事，彰显美德；或者原先做了善人的人干脆干尽坏事，先把自己变成恶人，然后再做一点善事。除此，断然没有他途可以获得原谅的了。这个样子，通情吗？达理吗？显然既不通情，又不达理。

还是如此比较好吧，鼓励恶人改恶从善，原谅善人一千零一分之一的伪善。

2. 也说朋友

成功的时候，谁都是朋友。但只有母亲她是失败时的伴侣。

——郑振铎

成功的时候，有真朋友和伪朋友；失败的时候，只有真朋友。至于母亲，亦有好坏之分，只是好的居多。

——高 鸣

在线装书局出版的最新学生版《名人名言》上读到郑振铎的这句话，我着实有点惊讶，想必郑振铎也是有朋友的人，不知他的朋友们见了这句名言，作何感想？大约不会愉快吧。因为，他们都被说成是靠不住的朋友，只有在郑振铎成功的时候，才聚在他的身边，郑振铎一旦失败了，他的朋友全跑光，只剩下母亲大人作伴侣。我不太相信，郑振铎交的朋友都是势利鬼，除非郑振铎根本就没有朋友。退一万步讲，就算郑振铎说出那番有关朋友的话，是出于自己的亲身经历，有

感而发，也不能推而广之，对天下的“朋友”，作出如此的评判。

也说朋友。我想，朋友不外乎有三种吧：一曰酒肉朋友，二曰利益朋友，三曰知心朋友。酒肉朋友，也许是这样的，你境遇好的时候，和你一起喝酒吃肉；你倒霉的时候，离你远远的。利益朋友呢？也许有的重情一点，看在以前大家利益交换的份上，不管你成功也好，失败也好，总能和你保持着往来。有的薄情一点，和酒肉朋友一样，你顺时靠近你，你逆时远离你。至于知心朋友，可能是倒过来的，你成功的时候，他若即若离；你一旦失败了，失落了，他定当有心出心，有钱出钱，有力出力，格外关爱你。

郑振铎是把所有朋友看扁了，其实从他的话里可以看出来，他实际上压根儿就不承认有朋友一说。诚然，一个人成功的时候，身边的朋友会多一些，失败的时候，似乎朋友见少了，这是现实的写照。问题是，郑振铎的话说得过头了，绝对了，事实不是那回事。烈火见真金，危难见知己，尽管真金不多，知己稀少，但毕竟是有的。写此文之前不久，笔者去镇江监狱探视朋友，就见到另有几位探视者，他们不是家属，而是牢犯的朋友，谁说失败者没有朋友？一个人如果不相信世界上有真正的朋友，那么，这个人其实也是在否定自己，因为自己也是社会的一员，难道自己也不够资格做别人的朋友吗？

郑振铎说“只有母亲她是失败时的伴侣”，此话也是说得太绝对。世界上的母亲也是多种多样的，大部分可亲可爱，像母鸡护着小鸡一样；小部分也不是那么理想的，甚至极个别的还是恶母，这样的母亲，你成功的时候，会妒忌你，你失败了，会骂你“没出息”！

本文评论的郑振铎的话，收录在最新学生版《名人名言》中。我真担心一些青少年读了这句话，会片面地以为“世上只有妈妈好”，别人不可信，包括朋友，友谊是不存在的，更别说伟大的友谊了。有了这种想法，何来良好的心态，何来人与人之间的和谐！

3. 有限信任

不应该信任任何人，而应该仅仅信任那些已经证明可信的人。

——德谟克利特

一个人是否可信，是无法证明的，能证明的只是他过去的所作所为。

——高　鸣

德谟克利特是古希腊哲学家、科学家、原子唯物论学说创始人之一，他上述的话，登上了中国出版的《名人名言》。

“不应该信任任何人，而应该仅仅信任那些已经证明可信的人。”这话听起来有点刺耳，感觉不是个滋味，细细想想，又没有道理，而且是无法操作的。人是群体动物，是社会人，这就决定了人要和人打交道，要语言沟通，要表达爱意，要利益交换，而这些都要跟信任挂钩。假如一概不信任任何人，那就无法语言沟通，因为你是在听一个

德谟克利特

不可信的人说话，同时你也不自信你说的话别人会信；那就无法表达爱意，因为相互不信任，就把对方的情感看成虚情假意了；那就更无法利益交换，因为生怕掉进陷阱，上当吃亏。如果世人都不可信，那就不会有社会了，人也不会有群体了，因为互不信任的人在一起，不会团结互助，只会疑神疑鬼，相互争斗，这样倒不如个体生活了。

人类发展到今天，社会成了地球村，成了大家庭，足可以证明，人与人之间是有信任可言的，问题是要掌握好信任的度。德谟克利特说“应该仅仅信任那些已经证明可信的人”，这样的结论倒是不可信的，因为在社会环境中的人是会变的，以往可信，不等于现时可信，

现时可信，不等于将来可信。那怎么办呢？对人是信好，还是不信好？我的想法是，不要对任何人不信，也不要对特定的一个人全信，哪怕这个人过去是讲信用的人。说白了，一个人是否可信，是无法证明的，能证明的只是他过去的所作所为。因此，我们不若提出“有限信任”这个概念。有限信任可以容纳所有人，包括陌生人，包括过去不讲信用的人，包括过去一贯讲信用的人。有限信任还有一个意思，就是有上限和下限，下限可以是万分之一，上限可以是万分之九千九百九十九，当然极端的两头，基本上是可以忽略不计了。对一个人的信任程度，不是这个人本身可以决定的，决定的因素是你对这个人如何看。这里就有一个识别人的问题，你对一个人有几分信任，缘于你对这个人的了解和评判。当然，评判一个人的重要标准是，这个人以前怎么样。可问题没那么简单，光看他的过去，参数远远不够。那个曹操，面对蒋干盗回来的“书”，是信还是不信；对水军将领蔡瑁、张允是信还是不信，没有“过去”可以参考，怎么办呢？只能靠曹操的性格和智慧来做决定了，于是就有了错杀自家大将，赤壁之战大败。

就像没有绝对的好人也没有绝对的坏人一样，生活中没有绝对可信的人，也没有绝对不可信的人，只有程度不同。有些人可信的程度大，有些人可信的程度小，如何来测定这个程度？还是那句话，“听其言，观其行”，而且要长期这样做，跟踪一辈子。过程中，不管什么人，亲人也好、生人也好、朋友也好、敌人也好，统统给予“有限信任”。

4. 仁慈的动机

任何行为都不可源于纯粹的乐善好施。人类的仁慈总是混合着虚荣、利益和其他一切动机。

——培 根

乐善好施和仁慈可源于人类本能的善良，也可源于社会的道德教化，动机就是做个好人。

——高 鸣

上面的话表明：伟大的思想家培根，他不承认有纯粹的乐善好施，否认不混合着虚荣、利益和其他一些动机的仁慈。我很佩服培根说这番话的勇气，因为话中道破了他自己不曾有过纯粹的乐善好施和仁慈的天机。我也佩服培根说这番话的自信，他怎么就能断定整个人类缺乏没有功利性的乐善好施和仁慈呢？也不奇怪，大凡思想家、大凡伟人，都是勇敢、自信的。

可惜勇敢和自信同事物的真相没有必然联系，古今中外无数事实证明：纯粹的乐善好施，不带任何动机的仁慈是客观存在的。从加拿大不远万里来到中国治病救人的白求恩，他的行为充分体现了纯粹的乐善好施和仁慈。新近读到毛泽东在他母亲墓前说的话：“世界上有三种人，一种人损人利己，一种人利己不损人，一种人损己而利人，我的母亲就属于第三种人。”毛泽东还回忆说，他母亲经常把家里的米和钱接济穷人，乐善好施。我想，毛泽东母亲的仁慈应该和虚荣、利益以及其他一些动机无关吧。

举出上面的例子，并不是说，培根的话无中生有，他说的现象生活中还是大有的。有些企业家搞慈善、捐善款，目的是刊报纸、上电视，为自己捞取好名声，以利于自己的企业有一个更适宜的社会环境，进而挣更多的钱、发更大的财。有些领导干部，热衷于政绩工程，看

培 根

起来是在为老百姓做好事，大有乐善好施、仁慈的味道，实际上是做给上级领导看的，是在为自己进一步提升做台阶。培根的问题是，他用了“任何行为”、“总是”这样的词汇，把局部的问题说成全部，带有明显的片面性。

以思想深刻而闻名于世的培根，把所有乐善好施和仁慈的人说得不那么纯粹，可能会带来这样的负面影响：一方面，人们听了培根的话，一概不信那些乐善好施和仁慈的人了，总怀疑他们行为的背后带有别的不良动机，这就会冤枉一批好人、一批纯粹的人，进而把社会看得美好全无，漆黑一片；另一方面，会大大打击那些真心乐善好施、真正仁慈的人，使得他们因生怕做了好事被误读，好心做事反遭殃，打消了做好事的念头。两方面的因素加起来，害莫大焉。

5. 给爱，给想法

孩子，你可以给他爱，却不可给他想法，因为他有自己的想法。

——纪伯伦

孩子，你要爱他，也要给他想法，因为你不给他想法，别人在给他想法。

——高　鸣

纪伯伦的这句名言，本身就表达了纪伯伦的想法，这句话在书上登出来，实际上他就在把自己的想法给读者。假如纪伯伦有孩子，这个孩子又在书上读到了他的话，那可怎么办？岂不等于他给了孩子某种想法了吗？

由此可见，纪伯伦的这句话是不现实的，是经不起推敲的。父母和孩子在一起，其实一言一行都在自觉不自觉地把自己的想法传递给孩子，行为是身教，言论是言教。

纪伯伦

纪伯伦反对父母给孩子想法，理由是“因为他有自己的想法”。殊不知，孩子的想法，不会是生下来头脑里就固有的，也不会是哪一天从天上掉下来的。孩子的想法，本身就是从社会上许许多多的事物和各式各样的人的想法中综合反映而来的，这其中就包括了父母的想法。父母不给孩子想法，除了一种情况是科学的——那就是父母断定自己的想法是错的、是反科学的。显然，纪伯伦不会把自己的想法通通归为“错误”之列，那么，他也就没有必要不给孩子想法。相反，他作为一个文学家，可以把自己的想法如同告之全人类一样，更加主动地把他的想法给他的孩子。

纪伯伦说，“孩子，你可以给他爱”，给孩子爱是要有所体现的，既要有物质的，也要有精神的。“给他想法”其实倒是一种精神的爱，拿掉了这部分，那就只有母鸡式的爱了。

生活中，真实的问题是，不是父母给不给子女想法的问题，而是子女接受不接受父母给予的想法的问题。世界上没有一个暴君可以做到，把自己的想法硬塞进别人的头脑；世界上也没有一种先进技术，可以把某一理念植入人脑。所以，我们不必讨论要不要给想法，要研究的是，给什么样的想法，比如，是给佛家的、道家的、儒家的、法家的，还是别的什么。还要研究的是，如何给，是搞一场“文化大革命”，还是通过办学、通过家教、通过别的什么途径。

还是中国人说得好，“子不教，父之过”。父母要不“过”，就要给孩子想法，而且要给上好的想法，还要想方设法，把好的想法让孩子自觉不自觉地接受之——成为孩子自己想法的一部分。事实上，社会上、学校里，各种各样的想法无时无刻不在给你的孩子，你不给，别人就给，给是确定无疑的了，那就给好的吧！

6. 其实没有家

世界上没有一个地方比自己的家更舒适，无论那个家是多么简陋、多么寒碜。

—— 梁实秋

世界上有很多地方比自己的家更舒适，如果这个家没有亲爱的人。

—— 高 鸣

不可否认，梁实秋的这句话确是说出了一些人的真实感受。然而，还有一些人没有这样的感受，其中有的甚至把家看成是伤心地、苦难的地方，故而离家出走。不同的人，为什么会对家有不同的感受？原因只有一条，那就是对家里的人感情如何。要是家有爱妻、家有慈父良母、家有孝顺之子，那家必定是如梁实秋所言，“世界上没有一个地方比自己的家更舒适”。要是家有恶夫、家有逆子、家有无道之父母，那家肯定不是好地方，肯定无舒适可言，肯定不会依恋。正反两方面的例子说明：家舒适不舒适，不在于“家”，而在于里面住着的人。

由此，引起了我对家的思索。什么叫家？我查过字典，字典上说家是家庭的意思，就是有夫有妻有子女。那么，光有夫妻没有子女算不算家？如果算，那么，夫妻缺了一方算不算家？一个人生活在一个房子里，算不算家？我想啊，其实没有家，我们每一个人拥有的只是住处而已。这个住处可以一个人住，可以夫妻合住，可以夫妻加父母加子女统统一起住，反正是住处。人们和住在一起的人处得好、处得和谐，这个住处就舒适；反之，则不舒适。因此，笼统地说“世界上没有一个地方比自己的家更舒适”，是不符合事实的，是没有普遍意义的。无锡电台有个著名节目主持人赵文，她说，“什么叫家，有锅的地方就是家”。细细品味，她此话的意思也是在说“其实没有家”。那个让我们舒适的地方，并不

梁实秋

是因为是家，而是因为那个地方有我们亲爱的人。一旦那个地方的可爱的人不在了，或变成不可爱的人了，那个所谓的家就不舒适了，就不如宾馆了，就不如其他住处了。新近读周国平先生的《人文演讲录》，其中读到这样的话，“做自己喜欢做的事，和自己喜欢的人在一起，并且能够让他们快乐，这就是我的幸福观”。这里，周国平也是把幸福和人连在一起，而没有把幸福和家连在一起，也说明了“家”只是现象，只是概念，人才是本质，才是实在。

“无论那个家是多么简陋、多么寒碜”，梁实秋这后半句话是说对了的。确实的，人的因素是第一位的，家（住处）简陋也好，富贵也好，不怎么重要。里面的人好，简陋也无妨；里面的人不好，富贵也白搭。

7. 标准不能太高

人生每一寸时刻都应该有它高尚的目的。

—— 高尔基

人生要有高尚的目的，但不能每时每刻。

—— 高 鸣

在《名人名言》上读到高尔基的这句话，我突然想到了《三国演义》里的张飞，想到张飞为让两个裁缝连夜赶制数万件“孝衣”，而被裁缝刺杀的故事。

高尔基上述的话和张飞被杀，看起来似乎风马牛不相及，实际上是有相通之处的，那就是标准定得太高。裁缝不是千手观音，一人只有两只手，两个裁缝只有四只手，当时又没有机械化、自动化，怎能一晚上制作数万件衣服？而完不成任务是要砍头的，那好，不如先杀了张飞，叛蜀投吴，以求生存。高尔基要求人们“人生每一寸时刻都应该有它高尚的目的”，这样的标准，其实是和张飞对裁缝的标准没

高尔基

有相异的。一天二十四小时，人们除了工作，还要休闲，还要睡觉，怎么能做到每一寸时刻都有高尚的目的？就算工作可以是为了高尚的目的，那做爱呢，给新生儿喂奶呢，睡着了呢，如何为了高尚的目的？显然是说不通的，别说人无完人，就是完人，也无法做到，伟大如高尔基本人又怎能如此？除非人类给机器人注入思想，让他高尚，凭着钢铁不坏之身，才能二十四小时全天候为高尚的目的而工作。所以，要求人每一寸时刻都高尚，不仅是不现实的，也是不人性的，不人道的。

我少年时读过高尔基的《童年》、《成长》等作品，深为他的思想和艺术所打动，我有点不相信高尔基说那句话是出于本意，倒是怀疑他是在那个时代那个国度里说的违心话。因为在“左”的年代，在我们的国度里类似的话也是比比皆是，如“大公无私”、“无私奉献”、“狠斗私字一闪念”之类。那是一个唱高调的时代，做不到也要说、也要唱，因为政治需要。

唱高调，标准定得太高，当然像张飞那样引来杀身之祸仅是个案，但是副作用还是不言而喻的。唱的高调，太高的标准做不到，会带来什么样的普遍后果呢？那就是索性连做得到的也不做了，因为反正达不到要求了，做了也白做，于是大家要么物极必反，像那两个裁缝，一件衣服也不做了，杀人造反了；要么来虚的，说的唱的是一套，做的又是另一套，你报亩产八千斤，我报亩产一万斤。总而言之，标准定得太高，有害而无益。

有句话是这么说的，“跳一跳，够得着”。意思是，所定目标，人们通过主观努力，苦干加巧干，是可以实现的。这样的目标，才有价值，可以激发人们实现目标的积极性，因而才可行。公私分明、先公后私就比大公无私、无私奉献的标准低一点，人们“跳一跳”，是可以做到的，所以行得通。让一部分人先富起来，民营经济也是社会主义公有制的一部分，就比“割资本主义尾巴”，要求人们百分之百地为国家效劳好；那个年代——“文革”刚结束时，中国经济到了崩溃的边缘，如今，中国的GDP进入世界前三强，就是明证！

8. 改变别人

不用总想着如何改变别人，应该一直努力改造自己。

—— 原一平

应该一直努力改造自己，并总想着如何改变别人。

—— 高 鸣

原一平是日本人，是个保险推销员，曾被美国人称为“世界上最伟大的推销员”。他上面的那句话，后半句是对的，“应该一直努力改造自己”，只有这样，他才能不断提高自己，增强与客户沟通的能力，把工作做好，取得卓越成绩。而前半句是错的，什么“不要总想着如何改变别人”，做推销工作，就是要教育别人、说服别人。别人原来对你的产品和服务不感兴趣、不愿接受，通过你的教育、你的服务，成了你的客户，本身就说明被你改变了。你有改变别人的能力，正好可以证明，你把自己改变得不错，见效了。假如只改变自己，独善其身，不去改变别人，买卖如何做成？我想，原一平先生在成为世界上

最伟大的推销员的过程中，一定是既改变了自己，又改变了千千万万个“别人”的，只是他对改变自己深有体会，对改变别人没有意识到而已。

听人说，世界上有两件事情最难，一件是把别人口袋里的钱挣过来，另一件是把自己的想法送到别人的脑子里去。把自己的想法送到别人的脑子里去，就是试图改变别人，当然是难的，但不等于说，可以知难而退。恰恰相反，正因为难，才需要“总想着”，如果难得想想，想得不够，自然是办不到的。

改变别人，如果不那么重要，又那么难，不为之倒也罢了，问题是改变别人实在太重要了。世界上的许多事情，不是靠一个人能做成的，所以光改变自己是不够的。从大处讲，比如革命吧，一个人革不起来，必须要教育群众，动员千军万马，劲往一处使，才能成功。毛泽东就说过，中国革命重要的问题是教育农民。教育农民，就是改变农民，使他们变为革命者。从中处讲，比如一个企业吧，老板一个人能干有什么大用，还不是要培训员工，改变员工，使一批员工成为德能兼备的好员工，这样企业才能生存和发展。再从小处讲，比如夫妻关系吧，夫妻之间要合拍、要和谐，当然要改变自己，要学会让步，但一味地改变自己，一让再让，最后会失去自我，还是要让对方也改变一点，也让让步，两个人才能求大同，存小异，越来越亲密，百年好合，而不是三日一小吵，五日一大闹，结果分道扬镳。

改变别人，当然不能用强迫的手段，压而不服。还是要讲究方式方法，比如，要大道理结合小道理；比如，讲理还要讲情。改变别人，还要有耐心，因为改变是要有一个过程的。

其实，改变别人并不仅仅是为我所用，改变别人，还是为别人好，为使别人更完善。从这个意义上说，改变别人就是爱别人，对别人负责，所以，人们大可理直气壮地去改变别人！

9. 不要肥胖要富裕

富裕和肥胖没什么两样，都是获得了超过自己需要的东西罢了。

——墨　尔

富裕和肥胖大不一样，富裕可以授富于人，肥胖则不能。

——高　鸣

我查了，美国石油大亨墨尔的这句话，被编在《倾听名人的声音》里。你知道墨尔的这句话是在什么样的情景下说的吗？他是在把他抢救活的医院里说的，正好那里有一个因过度肥胖诱发心脏病而死的人。触景生情说的话，往往比较感性，比较生动，但常常缺乏理性。墨尔的那句话，就是一句感性而不理性的话。

富裕怎么能和肥胖相提并论呢？两者的区别大着呢。先说对自己，肥胖那多余的肉，不仅无用，而且有害，过度肥胖诱发心脏病就是一

例。而富裕则不同，富裕就是在解决温饱以后，还有多余的资产。这是好事，温饱以外的钱，可以用来旅游，增加生活的情趣，扩大眼界；可以用来买车，加快行的速度，扩大生活半径；等等。总之，富裕，有利于提高自身的生活质量。

再说对于社会，肥胖也没用，人那多余的肉又不可以当成猪肉一样供应市场。而富裕则不同，富裕可以把钱拿来发展再生产，为社会解决就业，为社会创造财富。有部电影，片名叫《辛德勒的名单》，里面就有用钱救命的情节，那时辛德勒的钱就等于许多犹太人的命啊！假如辛德勒不富裕，没多余的钱，任凭他道德高尚，如何救人之命？前年四川地震，震后要重建，全国人民捐钱捐物，不富裕，哪来钱物可捐？可见富裕是可以为人道服务的，为人道服务，难道不是自己和社会都需要的吗？我看，墨尔多半是在说风凉话，要是真要他变富裕为不富裕，试试看，他干不干？

现今的世界上，在比较富裕的国度和地区，不论男人女人，胖子甚多。好在肥胖不好的观念普及了，减肥成风，相信在不久的将来，肥胖的人会慢慢少起来。古往今来，穷人总比富人多，富裕的人不是多了，而是少了。所以邓小平要让一部分人先富起来，所以现在的中国要扩大中产阶级的队伍。对于绝大多数人来说，不管外国人，还是中国人，有一点是可以达成共识的，那就是不要肥胖要富裕。

10. 做喜欢做的事

任何事都认真去做，而不是仅凭兴趣。

—— 杨元庆

凭兴趣，找事情，认真去做。

—— 高 鸣

一个人来到这个世界，要做成一件像样的事情是不容易的。人们往往会去挑自己感兴趣的事情做，因为兴趣是最好的老师，有了“最好的老师”，会进步得快，有利于把事情办好。杨元庆好像跟兴趣没缘分，他对文科感兴趣，做着文学梦，喜欢写小说，却上了科技大学，学计算机专业，毕业后他去联想集团，对研究开发感兴趣，却做了销售。他还真是不简单，居然能学好不感兴趣的专业，做好不感兴趣的工作。

尽管杨元庆用他自身的实践证明：“任何事都认真去做，而不是仅凭兴趣”，照样能把事情做得不错，但我依然不能同意他的这一观点。做自己喜欢做的事，才是快乐的。杨元庆读自己不感兴趣的专业，做自己不感兴趣的工作，我想肯定快乐指数大打折扣。长期不快乐，对人生是一个缺憾，这是一方面。另一方面，一个人感兴趣的东西，容易学好，容易做好，久而久之，就成了自己的特长了，不扬长实在是很可惜的。这对他个人来说是不幸，对社会也是损失。

我真有点担心，杨元庆这个个案和他的那句话，对别人会产生误导，让别人误以为，兴趣和特长不那么重要，只要认真去做。我不否认，只要认真去做，确实也能在一定程度上把事办好，问题是——这样做，事倍功半。为什么我们不去做自己感兴趣的事呢？为什么我们不去发挥自己的特长呢？做自己有兴趣和自己特长的事，事半而功倍。有一次，毛泽东挑了几本书给他身边的一位工作人员看，那位工作人员当即向毛泽东表决心，一定听主席的话，努力学习。毛泽东对她说，关键要有兴趣。毛泽东的言外之意是，你有了兴趣，自然会去好好读，读好它；假如没有兴趣，再努力，效果也是有限的。读书是这样，工作也是这样，离开了兴趣，哪怕再努力，那种激情、那种创造力总是会受到影响的。

人的一生很短暂，只有快乐而有效才更有意义。如何快乐，重要的一条，就是读喜欢读的书，做喜欢做的事。做自己感兴趣的事，最容易做出色，出成果。中国改革开放前，每一个人做什么，是政府分配好了的，根本没有自己选择的权利，因此只能做螺丝钉，任何事都认真去做，至于个人的兴趣，只能靠边站。现在好了，个人做什么工作，以什么为生，有了选择的自由。在这样的时代背景下，如果我们依然漠视自己的兴趣，被其他什么力量驱赶着去做自己不喜欢做的事情，岂不是既对不起自己，又对不起我们这个时代！

杨元庆

11. 爱情只有一种

纯洁的爱情使青年人健康成长，轻浮的爱情、消愁解闷的爱情使他们堕落。

—— 苏霍姆林斯基

爱情就是性吸引加友情。真正的爱情只有一种，那就是纯洁的、美好的、使人向上的、给人快乐和幸福的。

—— 高 鸣

这句话是苏联教育家苏霍姆林斯基在给儿子的信中说的，从中我们可以看到，他把爱情分为三种：“纯洁的”、“轻浮的”和“消愁解闷的”。爱情有多种多样吗？我不以为然，我深以为，爱情只有一种，其他的所谓“爱情”，只是打着“爱情”的旗号而已，不在爱情之列。

要说清楚爱情只有一种，就得给爱情下一个相对科学的定义。几十年来，我不知问过多少人“什么叫爱情”，我不知道在书本上见到

苏霍姆林斯基

多少“爱情是什么”，均找不到满意的答案，各有各的说法，却都似是而非，有的只是对爱情的感觉，有的即使在给爱情下定义，所定之义也是站不住脚的。我查《辞海》，《辞海》上没有爱情的词条，只有爱的释义，跟爱情搭一点边的，也仅是这么说：“爱，特指男女间有情。”请看一些名人怎么说的：英国的查普曼在《情爱论》中说，“爱情是万物的第二太阳”；法国的莫里哀在《莫里哀喜剧选》中说，“爱情是一位伟大的导师”；前苏联的施企巴乔夫在《爱情诗》中说，“爱情是一本永恒的书”；中国的周国平说，“爱情常常把人抽空，留下一具空躯壳，然后扬长而去”。上面对爱情的评说，哪里算得上定义，全是有感而发，停留在感受的层面上，读之云里雾里，找不到落脚点。

爱情这个东西，古今中外，似乎说不清、道不明，只能意会，不可言传。果真如此吗？我就不信这个邪！我少年时就试着，给爱情下了个自以为是的定义，几十年过去了，我依然没有改变自己的观点。我对爱情的定义是——爱情是性吸引加友情。光有性吸引，没有友情，那仅是性欲，动物都有的，自然不能算爱情；男女间光有友情，没有性吸引，那仅是朋友之情，同性之间也有的，自然也谈不上是爱情。性吸引加友情是爱情，就把人和动物区别开来了，就把和人与人之间的其他感情区别开来了；性吸引加友情就是爱情这样的定义，就把爱情的实质说清楚了，而且这样的表述又很通俗，所以，我很满意这个爱情的定义。不知读者诸君，以为然否？

爱情有了定义就好办了，就可以理解：真正的爱情只有一种，那就是纯洁的、美好的、使人向上的、给人快乐和幸福的那一种，其他的，什么“轻浮的”、“消愁解闷的”，之类种种，都是模仿出来的，都是假的，劣的，不能给它们发“爱情会员卡”，不能让他们进入“爱情俱乐部”。

爱情只有一种，其实和友情只有一种是一样的。高于利益的友情，才是真友情，那种“没有永远的朋友，只有永远的利益”里的朋友，其实是假朋友，假朋友之间的友情自然也是假的，算不上友情。鲁迅说“人生得一知己足矣”，鲁迅和瞿秋白是真朋友，他们之间的友情才是友情。

人生只有一回，爱情只有一种。让我们满怀激情和遐想，用美好而唯一的生命，去追寻那美妙而唯一的爱情吧！

12. 比较的前提

机会比安稳更重要，事业比金钱更重要，未来比今天更重要。

——李开复

机会和安稳一样重要，事业和金钱无法比较，今天是未来的基础。

——高　鸣

李开复这句话是讲给大学生听的，我敢肯定，大学生听了此话必定无所适从，弄不好，还会造成思想的混乱。我为什么这样说？因为李开复的上述三个“比”，有一个通病——均缺少比较的前提。

先看“机会比安稳更重要”。“机会”和“安稳”，不是谁更重要的问题，而是相辅相成的关系。就像一个国家稳定和发展一样，稳定有利于发展；发展了，又有利于稳定，所以要两手抓，两手都要硬。对于一个人，同样如此。安稳，就是生存的问题；抓住机会，是个人发展的问题。当然，我们不能把标准仅仅定在安稳上，满足于此，不思进取，但也不能反过来说抓住机会去发展，比安稳、生存更重要。其实，机会和安稳，两者是互为前提的。安稳了，解决了生存的问题，你才有余力去找机会，求发展；找到了机会，得到了发展，同样为安稳创造了物质和精神的条件。

再看“事业比金钱更重要”。事业有多种多样，有的人有政治抱负，以从政为事业；有的人对艺术着迷，以艺术为事业；有的人爱好自然科学，以科学发明为事业；有的人立志赚大钱，为自己，也为社会，以赚钱为事业。“事业”是一个大概念，个人为之奋斗的具体职业和行业，是小概念，比如，“艺术”、“科技”、“赚钱”……大概念是包含小概念的，如同水果包含苹果一样。所以说，“事业比金

钱更重要”，是不合逻辑的。

再看“未来比今天更重要”。历史是一条长河，绵延不断，有时水流平静，有时惊涛骇浪，有和平时期，有战争年代。在历史的长河里，怎么好分哪一段更重要？我们只能以史为鉴，抓住当下，展望未来。我们只能不忘历史，过好今天，并为明天美好的生活创造条件。

比较是一个好的方法，但在比较之前，首先要弄清楚两个事物之间有无可比性——这是比较的前提。体育比赛是遵循这个原则的，男的同男的比，同项目相比。倘若一个男子同一个女子比跳远，一个人跑一千米同一个人跑一百米比，能比出什么结果？

13. 遗产问题

一个年轻人所能继承到的最丰厚的遗产，莫过于出生于贫贱之家。

—— 安德鲁·卡内基

一个年轻人所能继承到的最丰厚的遗产是精神，与家的贫贱与否无关。

—— 高 鸣

从上面的文字中可以看出，卡内基是把精神遗产看得比物质遗产更重的，所以他说贫贱之家有“最丰厚的遗产”。就精神遗产比物质遗产重要这一点，我持同卡内基相同的观点。我不能同意卡内基上面那句话的地方是，在他看来，贫贱之家一定能够为子女提供“最丰厚的遗产”。

一个人从家里获得的最珍贵的东西是精神财富，这精神财富哪里来？来自长辈的言传身教。这里就有个问题，怎么能保证贫贱之家的

卡内基

长辈们个个品德优良，身教一流，言传有方，一点就通？也许卡内基受“清贫”这个词的影响吧，以为贫贱之家一定“清”，一定有志节。诚然，在贫困的条件下，照样可以保持志节，照样可以发奋努力，大有成就，在这方面，世界上历代优秀的知识分子都这样做到了。但“贫”和“清”之间没有必然联系，“贫的人”不一定是“清的人”，也很可能是一个“浊的人”，因为“贫的人”加上缺乏素质，就会无志节可言，甚至可能会去偷、去抢，去做一些不道德、不合法的事情。由此可以发现，贫贱之家有没有良好的精神财富，其实是个未知数。有没有这个遗产尚且是未知数，继承自然就更没有把握了。

说到遗产，我想主要应该包括三个方面吧：一是如上所说的精神财富，包括品德、理念、思想方法、性格等等；二是专业技能，如中医医术、良药秘方、各种独门技术之类；三是物质财富，包括动产不动产，如现金、如房产、如金银珠宝、如名家字画……

三种遗产，最贵为精神的，次贵为技能的，再次为物质的。有了第一种遗产，一个人就高尚了、美好了、得道了。得道多助，一个人有众人助，技能会学到，财富会创造，最终成为一个既有美德，又有才能，还有财富的贵人。“授人以鱼，不如授人以渔。”那么，第二种遗产就是“渔”，比“鱼”好；有了这样的“渔”，就有条件去获得更多的“鱼”。第三种遗产是“鱼”，能吃，能解决部分生存问题，有比没有好；但要小心不能被“鱼”所累，所绊，所害。要是能用“鱼”去发展再生产，创造更多的“鱼”，从而造福人类，那就更好了！

总体来说，三种遗产都是好东西，作为家长，大可传之，作为子女，大可受之。如果卡内基的说法可以成立的话，那么岂不要这样：天下的父母为了给子女“最丰厚的遗产”，临死之前，非要把自己的家变成“贫贱之家”不可？

14. 下属的短处

作为一个管理者，你可以不知道下属的短处，却不能不知道下属的长处。

—— 余世维

下属的短处不用可以，而管理者假如不知道，那就万万不可以。

—— 高 鸣

要知道下属的长处，这是没有疑义的，身为管理者，用人就是用下属的长处。下属的短处，管理者自然是不用的。可是，下属的短处不用可以，而管理者假如不知道，那就万万不可以，弄不好那是要闯祸的。

《三国演义》里有个失街亭的故事。街亭是马谡失的，但真要追究领导责任，诸葛亮难逃其责。刘备是知道马谡之短的，临终前还交待："此人言过其实，不能重用。"可惜作为管理者的诸葛亮，对马

谡之短了解不甚，以致用错人、犯大错。错用马谡，成了诸葛亮一生中最大的污点。诸葛亮的教训告诉我们：余世维说的“你可以不知道下属的短处”是错的，千万别信以为真。

我分析，余世维之所以会说“作为一个管理者，你可以不知道下属的短处”，是因为他以为，下属的长处是可以从其身上抽出来单独使用的，比如你的企业需要财会人员，你只要用一个精通会计知识的人就行，管他的短处在哪里呢？他不懂销售、不懂技术这些短处，无伤大雅。比如你的企业要用销售人员，你只要用有营销能力的人就行，他不懂会计知识、不懂技术，没什么关系。比如你的企业要用科技人员，你只要用他的科技知识就行，管他其他方面怎么样，是长还是短。粗听起来这话不错，实行起来就难免出问题。比如会计，光精通财务远远不够，假如他在执行财务纪律上有短，在侵吞单位财物上有短，岂不闯祸！比如销售人员，营销能力固然重要，但如果他吃里扒外，老是把生意做到别家去，自己从中捞好处，有这样的短，那可怎么办！再比如科技人员，有专业特长很重要，但如果他把专利技术拿出去，作为自己进入新单位的礼物，自己从中得利，有这样短的人能用吗？以上种种藏在一个人长处背后的短，一旦被管理者发现了，肯定不乐意，肯定不会善罢甘休。可惜的是，管理者对下属的短处往往不知道，因为下属总会一方面尽量展其所长，另一方面会尽量遮其所短。

因此，作为一个管理者，是要既知道下属的长处，又知道下属的短处的，两者缺一不可。只有这样，才叫知人之明，才能管好、用好你的下属，假如只知其长，不知其短，就不能防其短、避其短，就难免犯诸葛亮用马谡的错，就难免“失街亭”。对于下属的长处，是一个如何发挥的问题；对于下属的短处，是一个如何发现的问题。如何发现？一要多个心眼，二要多观其行，三要多多旁听。知其短，才能更好地用其长，才能有利于做好我们的事情。

15. “不可能”这个词

“不可能”这个词，只有在愚人的字典中找得到。

—— 拿破仑

你的字典里没有“不可能”这个词，你就是一个愚人。

—— 高 鸣

拿破仑是一个了不起的人物，一生中成就非凡，许多常人看来“不可能”的事，他办成了；许多场敌众我寡的战争，他奇迹般地取胜了。他上面的那句话，大概是他被胜利冲昏头脑时说的，说得那样不符合常识，甚至说得有点疯狂了。有句话说得好：“若要他灭亡，先让他疯狂。”疯狂的拿破仑最后失败了，他用自己的行动和故事表明，“不可能”是可能的。自己的人生最终否定了自己的“名言”，这真是极大的讽刺。

说没有“不可能”，是唯心主义的。这个世界是客观存在的，不是人们的心里想象出来的，世界是主体，人是客体。这就说明，一方

拿破仑

面，人的认识、人的能力，只能在社会实践中不断提高；另一方面，人的认识、人的能力，总是有限的。既然是“有限的”，就会有许许多多的“不可能”。比如你拿破仑的能力是有限的，所以你就不可能是万能的；比如你拿破仑的寿命是有限的，你就不可能万寿无疆，永远不死。所以说，“不可能”是可能的，是不可避免的，是有的。

说没有“不可能”，是有害的。思想是行动的指南，有了没有“不可能”的思想，人就膨胀了，就不讲科学态度了，就胡来了。古代那个秦始皇，思想上不相信人“不可能”不死，于是派人远出找寻“长生不老之药”，结果当下被江湖骗子骗了大量钱财，还在历史上留下了一段笑料。上个世纪50年代末60年代初，中国大地上似乎也没有什么“不可能”了，人们大喊“人有多大胆，地有多高产”，结果人祸加天灾，粮食收低产，饿死了不知多少人。

话又说回来，说没有“不可能”是唯心主义的，是有害的，并非是否定人的主观能动性，鼓励人们在未知的世界面前、在面临的困难面前，畏缩不前，无所作为。我们批评没有“不可能”，同时更提倡“可能”，更反对遇到难处一味“不可能”，因为“可能”是积极的，“不可能”在通常情况下似有消极的味道。再以拿破仑为例，他一生中就是有了“可能”的精神，才克服了无数次“不可能”。值得注意的是，切不可走极端，最终走到反面去——以为世界上压根儿就没有“不可能”了。

有两句话说得实事求是，一句叫做“人努力，天帮忙”，另一句是“谋事在人，成事在天”。这两句话好就好在，既讲究“谋事”，追求“可能”，又看到“天的因素”，承认“不可能”；既“听天”，又“不由命”；既知道人的所为是有限的，又不悲观失望不作为。这大概就是唯物主义辩证法的态度和做法吧。

在聪明人的字典里，有“可能”，也有“不可能”。字典里光有“不可能”，没有“可能”，是愚人；光有“可能”，没有“不可能”，也是愚人。

16. 爱情可以退一步

友谊往往导致爱情，而爱情却从不回归友谊。

——查尔顿

友谊往往导致爱情，爱情也常常回归友谊。

——高　鸣

“友谊往往导致爱情”，尽管我没有过这种体验，但我同意这个说法，因为它是可以想见的，符合情理和逻辑的。“而爱情却从不回归友谊”，却说错了，别说说不通，还有无数案例为证不是这么一回事。我有几个好朋友，他们和初恋情人均未成眷属，倒是成了“好兄弟”。我本人有过的婚外情，随着时间的推移，那种男女间特有的感觉渐渐褪去了，却还是话逢知己千句少，大有“哥们”的味道。

我想，查尔顿断言“而爱情却从不回归友谊”，肯定不是存心瞎说，也许是他本人曾经有过的爱情消失后，连友谊也一起带走了的缘故吧。世界之大，无奇不有，别说“爱情带走友谊”了，生活中，“爱

不成，反成仇”的现象也时有发生，每每听说，

细加分析，我以为，爱情离开时有两种：一种离得无影无踪，视昔日之情人如陌路，避之惟恐不及；另一种是，退一步而已，退到友谊的情分上，退到亲情的格子里。何为爱情？爱情就是性吸引加友谊。相爱的两性之间，当性吸引降温以后，他们之间共同的价值观还在，他们之间曾经有过的相互照应的情分犹存，在此情形下，回归友谊就是顺理成章的事。当然，假如两性之间是因为利益之争而翻脸，或因一方背叛另一方的感情而分手，则爱情“烟消”之日，也是友谊“云散”之时。诚如查尔顿所言“不回归”。

查尔顿

爱情有两种生存环境：一曰婚内爱情，一曰婚外爱情。婚内爱情有三种出路：一是将爱情进行下去；二是将爱情转化为亲情；三是爱情也无，亲情也了，凑合着过过日子，或干脆离异而去。将爱情转化为

亲情，其实和爱情回归友谊差不多，区别仅在于前者是就婚内而言，后者是就婚外而言。婚外爱情也有三种出路：一是走在“转正”的路上，向着“婚”的方向前进；二是所谓退一步，变爱情为友谊；三是“玩完”，“爱”也走，“谊”也走，仅存曾经拥有。

感谢查尔顿，他这爱情和友谊之关系的话题，引起了我对爱情问题新的思索。我想啊，在性吸引加友谊的爱情中，如果友谊的成分多一些，性吸引的参数少一些，也许这种爱情会相对长久一些，一旦爱情的感觉日渐淡化了，也容易转换到亲情或回归到友谊那里去。反之，如果倒过来，性吸引的因素多一些，友谊的缘由少一些，也许这种爱情会相对短暂一些，而且一旦爱情没了，会连亲情或友谊也不复存在的。

人间再没有比爱情更美好的了。珍惜她吧，怜爱她吧，让她长久一些，再长久一些。哪一天她真的走了，但愿也不要走得太远，就退一步，退到亲情里去，退到友谊里去，把余香留下，把影子留下，把记忆留下，如能“康复”，若能“复生”，那最好不过，如同迎来又一个春天！

17. 人类早于祖国

谁不属于自己的祖国，那么他也就不属于人类。

——别林斯基

人类早于祖国，以后祖国消亡了，人类犹在。

——高 鸣

听别林斯基的口气，他是挺爱国的，可他爱国爱昏了头，居然把一个人属不属于祖国，提高到属不属于人类的高度，他分明是在骂不属于祖国的人不是人。别林斯基忘记了一个常识，忘记了一个历史事实：人类早于祖国。原始社会的时候，人类已经产生了，那时候还没有国家，那时候的人只属于自然，只属于地球，但人肯定是属于人类的。说不属于祖国便不属于人类，是何等无知而荒谬！再说，根据马克思主义的观点，随着社会的发展，人类的进步，国家会消亡的，国家消亡以后，人就不属于祖国了，可人还是要属于人类的，总不至于人属于狗类猪类吧！

在有祖国的日子里，人属于祖国，这是不以人的意志为转移的，一个人即使移民去了他国，他国就是这个人新的祖国。这是从一个人的身份上讲的。再从一个人的感情上讲，也许由于政治的原因，这个人对自己的祖国没有好感，“身在曹营心在汉”，心已不属于祖国，但他依然是人类的一分子。也许这个人是一个彻底的国际主义者，对自己的祖国和对别的所有国家，怀有的是同样的情感，思想上已无所谓祖国不祖国，爱的是全世界，爱的是全人类。这样的人，难道还不够格属于人类吗？

在我看来，把祖国等同于人类的想法是比较狭隘的，是扩大了的小团体主义，而小团体主义又是扩大了的个人主义。所以，不要以为把祖国抬高到至高无上的位置，就算革命，就算高尚，就算伟大。其实不是那么一回事。加拿大有个白求恩先生，为了不是他自己祖国的事业，为了别国的治病救人，献出了自己宝贵的生命，他的行为已经超出了属不属于祖国的问题，他的行为告诉我们，什么叫做属于人类！

在当今社会，我们每一个人都生活在祖国里，爱国是义务和责任，是应该的，但同时我们还是地球人，我们还是人类，爱地球、爱人类更是义务和责任，光想着自己是祖国的人，这是远远不够的。

18. 富人和穷人

越是不宽裕的人越慷慨，越是富足的人越吝啬。

——巴　金

是慷慨，还是吝啬，和富足与否没有关系。

——高　鸣

巴金说的现象是有的，但不是定律。生活中反过来的情形也大有的：不宽裕又不慷慨，富足而不吝啬。

社会上和巴金一样以为越是富足的人越吝啬的人相当普遍，这是有原因的。原因之一，不宽裕又不慷慨，似属正常，没人计较和谴责，人们不会把它放在心上；富足而吝啬，人们便不接受了，痛恨者有之，批评者有之，一传十，十传百，弄得大家都知道。真像狗咬人不是新闻，人咬狗才是新闻一样，不宽裕又不慷慨不是话题，富足而吝啬才是街头巷尾的传闻。原因之二，人们对富人慷慨的标准高，对穷人慷慨的标准低，比如捐款，穷人捐一百元，称为慷慨，富人捐一万元，

巴金

视为吝啬。原因之三，富人把钱用在刀口上，用于生产慷慨，用于消费吝啬。比如购买生产设备，一掷千金，买只手机却要算算；而有的靠工资吃饭的穷白领，却会几个月便换只手机，比大款还慷慨。从这个意义上说，其实富人比穷人懂得节约。

富人之所以成为富人，穷人之所以成为穷人，固然有许许多多的复杂原因，但有一条是明显的，就是普遍而言，富人比穷人会理财，富人会节约，穷人会浪费。富人的节约常常被误认为吝啬，穷人的浪费常常被误认为慷慨。

当然，穷人真属于慷慨的行为也是很多的，比如穷人救穷人，一家有难，众人相帮，这众人中有不少就是穷人。穷人慷慨，精神可嘉！可我更希望，穷人立志变富人，变了富人，才有慷慨的实力，利己又利人。

当然，富人真正吝啬的，也是有的。这种人，富裕的程度和道德水准不成比例，所谓“穷得只剩下钱了”。富人挣钱，只要合情合理合法，无可非议。可我更希望，已经富起来的人们，在慈善捐款上慷慨一点，在帮助穷人致富上用心一点。

说到富人和穷人，顺便说说两者最大的区别点：富人相信自己能成为富人，千方百计努力成为富人；穷人则不然，穷人觉得自己不是做富人的命，只求生存不求发展。我说这样的话，可能会被穷人骂，穷人会说，谁不想成为富人，问题是成为富人那么容易吗？我说，是不容易的，但坚定了信念，努力去做，就有成功的希望；欲望不够，或先吓住了自己，富不起来便是必然！

19. 命运的因素

忍耐就能征服命运。

——大卫·坎贝尔

忍耐岂能征服命运。

——高 鸣

澳大利亚诗人坎贝尔的这句话，说得也太天真了吧，难道他自己一生的命运就是靠忍耐来征服的？他是一个有名的诗人，那么，“成为诗人”这本身，就是他一生最主要的命运。有“愤怒出诗人”的说法，还没听说过“忍耐出诗人”。

命运如同一条河，它的宽度、流速、方向等等，是由主客观两大因素决定的。客观因素对人命运的影响显然客观存在，比如在人类还没有文字的时代，就不可能有写文章的作家，就不可能有文字优美的诗歌，也就不可能有诗人。所以说，坎贝尔能成为诗人，首先取决于时代的大环境，取决于客观现实；其次再谈得上他本人的努力。光有个人努力还不够，何况“忍耐”了。

不仅是诗人、作家，所有人的命运都是主观加客观决定的。所谓“时势造英雄”，说的是客观因素的重要性；所谓“性格即命运”，说的是主观因素的重要性，两者是缺一不可的。说“忍耐就能征服命运”，先是忽略了命运的客观性，再是忽略了人的主观能动性。“忍耐”，就是耐心等待，等待命运的发展，这就等于消极地被命运所摆布了，何来“征服”的可能？连“征服”的意愿都没有了，连“征服”的味道也没有了。

“时势造英雄”，是说英雄离不开“时势”，不是说在某种“时势”下，人人能成为英雄。要成为英雄，要在命运中做一点主，个人

的因素同样重要。我深以为，在个人因素中，决定的因素是两条，即智慧和勇敢。有了足够的智慧，你就有了“审时度势”的眼光，有了适应和改造社会的能力；具备了勇敢，你就能把智慧的思想付诸行动，你就能百折不挠往前冲。有智慧，又勇敢，你就是一个智勇双全的强者，你就占有了自己命运的“股份”，甚至还能在某个范围内，某种程度上影响别人的命运。

话说回来，人的一生中有没有需要忍耐的时候呢？当然还是有的，但那只能是暂时的委曲求全，一种暂时的韬光养晦，一种处于弱势状态的策略而已。主流的，是要有与命运抗争的激情，用智慧和勇敢去改变命运之河的方向。

20. 希望是幸福的一部分

希望对幸福的人是不好的事，对不幸福的人是好事。

—— 列夫·托尔斯泰

没有希望的人就是不幸福的人，希望对所有人都是好事。

—— 高 鸣

希望是好事，希望是幸福的源泉。我以为，此话应该适合所有的人，是普遍真理。可托尔斯泰说，“希望对幸福的人是不好的事”。按照他的意思，幸福的人最好不要有希望。

伟大的文学家托尔斯泰这回错了，让我一一道来。其一，希望本身就是幸福的一部分，而且或许是最重要的幸福。一个人没有了希望，本身的幸福就大打折扣了，本身就难说是一个幸福的人了，因此，从某种意义上说，世界上根本就没有没有希望而幸福的人。这样的人既然不存在，所以再说“希望对幸福的人是不好的事”，就不通了。其二，每一个人，不管他成功不成功，幸福不幸福，总是有自己的希望

的。今天不成功的人，希望明天成功；今天不幸福的人，希望明天幸福。成功的人、幸福的人，也一样希望明天更成功或希望保持胜利成果，希望幸福的日子万年长。因此，希望幸福的人不要再有希望，其实也是不现实的。其三，一个人实现了自己的希望，获得了成功，当然幸福，但光有这样的幸福是远远不够的，人只有有了新的希望，才会进步，才会保持和增进幸福。

托尔斯泰说“希望对不幸福的人是好事”，很好理解，一方面，不幸福的人有了希望，是一种精神安慰，可以减轻眼下的痛苦；另一方面，有了希望，可以产生去实现希望的激情和动力，有利于积极向上，把事情办好。托尔斯泰说“希望对幸福的人是不好的事”，是不是有这样的意思呢，就是要幸福的人满足于已经得到的幸福生活，懂得“知足常乐”，不要欲望无边。问题是，生活是在变化中的，社会的发展是不以人的意志为转移的，想保持已经得到的东西，本身就是一种希望，这是一方面。另一方面，人的追求应当是无止境的，物质生活可以满足于粗茶淡饭，但精神生活就是无限的。有了无限的追求，就有了永恒的希望。假如一个所谓幸福的人，长期过着今日复今日、明日似今日的日子，生活再没有变化和进步，再没有新鲜和创造，就如一潭死水。如此而已，这个人会幸福吗？所以说，希望对幸福的人也是天大的好事，没有希望，倒是灾难性的、毁灭性的大坏事。

21. 美好无处不在

在这世界没有什么美好的东西，也许时间就是我们拥有的唯一美好的东西。

——伍里采维奇

在这个世界上，美好的东西无处不在。

——高 鸣

时间是美好的，没有了时间便没有了一切。但如果这个世界上唯有时间美好，再没有其他的美好，其他都是丑恶的、黑暗的，那这个世界就不美好了。世界都不美好了，时间还有什么价值？到头来时间也谈不上美好了。

时间的美好，是和社会的美好相关联的。为什么会有度日如年的说法？因为日子不好过，度时间的人境遇不佳，他的“世界”不尽如人意不美好，所以在他的感觉里，时间不好过、时间不美好。为什么有人会自杀？也是因为他觉得生不如死。生就是拥有时间，死就是放弃时间。可见，一个人只有把世界看得美好，才会把时间看得美好，进而珍惜时间。

说这世界除了时间没有什么美好的东西，实在是太片面了。诚然，世界的过去，世界的今天，世界的将来，无不例外地存在着大量不美好的东西、恶劣的东西、可怕的东西，但是，全面地看世界，世界是由美好和丑恶、光明和黑暗共同组成的。看不到世界的美好，是最大的消极，有了这种消极，就不会去创造美好，这就形成了恶性循环：越感到世界不美好，越不去创造美好；越不去创造美好，世界美好的东西就越少。所以，只有客观地、全面地看世界，才能积极地看世界，才能形成良性循环——越相信美好，越创造美好，从而使世界越加美好。

时间是这个世界上最有规律的东西，永远往前走，走的速度又是那样恒定。人生在世，过“时间”是客观存在的，无法改变的。可是，被动地“过”还是主动地“用”，这就有所区别了。“过”时间的人，得过且过，“做一天和尚撞一天钟”，对这样的人来讲，其实时间的价值已经降低了，已经不那么美好了，而且也不会去创造美好的世界了。只有“用”时间的人，时间才美好，因为用了时间，“时间就是金钱”，时间就能创造人间奇迹。“用”时间的人多了，创造美好的人多了，这个世界美好就无处不在了。

伍里采维奇

22. 深颜色压浅颜色

一个人必须试着去担心一些不重要的事情，这样对重要的事情他才不会太烦恼。

——杰克·史密斯

一个人必须试着去担心一些重要的事情，这样对不重要的事情他才不会太烦恼。

——高鸣

我的话和美国著名电影人杰克·史密斯的话正好相反。我以为，他是错的，我是对的。

中学时我有个同学，他谈了十多天的初恋告吹了，为此他闷闷不乐、烦恼多多，我多次劝他均无效。正当他深陷失恋而无法自拔时，他父亲突然因工伤身亡，这给了他更大的打击。接下来的几个月中，他沉浸在丧父的巨大悲痛之中。有一天，他告诉我父亲去世这件事，几乎占据了他所有的思维，失恋的痛烟消云散了。去年，我有个文友，他花三千多元新买的手机不慎在公交车上被窃，为此他颇不开心。我劝他别放在心上，要是烦恼，就是更大的损失。他说道理他懂，就是心里不开心。不料几天以后，他买彩票得了大奖，奖到了一辆高级小汽车。为此，他邀了好多朋友吃饭，以示庆祝、以示分享，席间还特意提到前不久失窃手机的事，他说有了大快乐，小不愉快就一扫而光了。

上面两个小故事，无不告之我们：当一个人心里没有大事的时候，小事就会占据他的心，就会为不重要的事而烦恼。而一旦大事临头，无论是大坏事还是大好事，小事就显得不那么重要了，因此而带来的烦恼也就迎刃而解了。

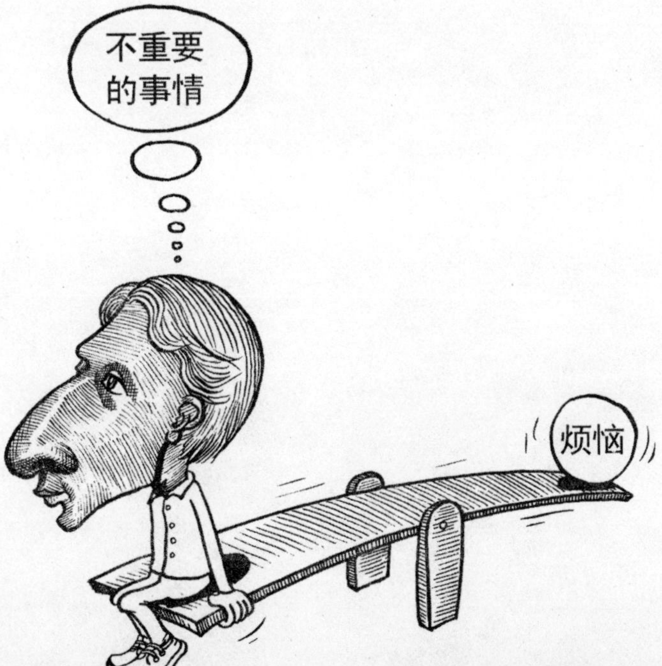

为了说明杰克·史密斯的话没有道理，我还有话要说。生活中有这样的现象和规律——深颜色压浅颜色。比如你家的墙原来是白色的，可以用黑色覆盖它；反之则不行，白色覆盖不了黑色。声音也是这样，弱不压强，小不压大。我家院子里，平时早晨鸟鸣声声声悦耳，可自从邻居家装修，那重重的噪音响起，鸟鸣声就几乎不见了。并不是鸟走鸣止，而是鸣而不闻了，小鸣被大鸣压没了。自然界的现象和规律，是可以说明一些人间的道理的，颜色深压浅，声音大压小，正好说明：关心了大事，小事的烦恼就少了。哪有像杰克·史密斯所说，一个人担心一些不重要的事情，这样对重要的事情才不会太烦恼。这样的说法，既是不符合事实的，又是不符合人之常情的。

23. “真小人”比“伪君子”更坏

这样看来，“真小人”就比“伪君子”更可爱，也更可靠，因为至少他不装，不假，不作伪。

——易中天

“真小人”是强盗，“伪君子”是贼，强盗比贼坏。

——高 鸣

君子比小人好，这个没有争议，不是问题。问题是，“真小人”和“伪君子”，哪一个更坏。易中天的观点是，“伪君子”更坏；我的观点是，“真小人”更坏。易中天的理由是，真小人不装、不假、不作伪，更可靠；“伪君子”带有欺骗性，更危险。

让我们来作分析。“真小人”为何不装、不假、不作伪？无非两个原因，一是“真小人”道德低下，他根本就不知道自己这个“小人”有什么不好，所以无需装、假、伪；二是“真小人”以为自己力量强大，可以胡作非为而不付代价。“真小人”如同强盗，明着抢劫。不

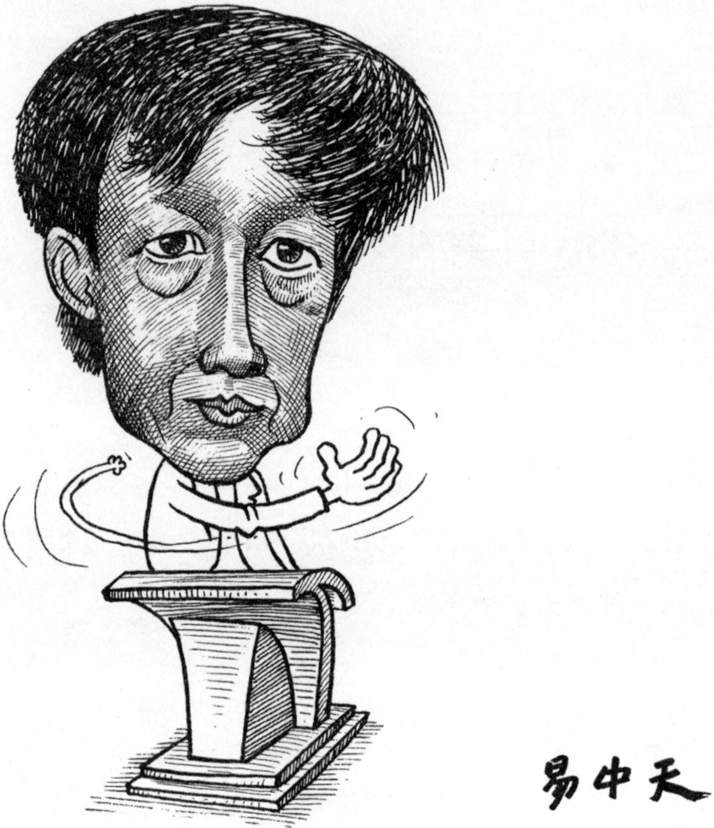

要以为“真小人”不虚伪就可靠，我们就一定可以防着他，没那么简单。“真小人”只是无需虚伪而已，他就像强盗一样，看中了抢的对象，那对象一定不是他的对手，他不仅有抢东西的能力，还有杀人的能力，可怕着呢。我们常说的“黑恶势力”，就是一帮“真小人”，危害极大，只有镇压之，人民才安宁。

“伪君子”为什么要“伪”？因为他知道“君子”受人喜爱，“小人”遭人讨厌，而内心深处又不愿意做君子，怕吃亏。这样的人，至少还对某些社会规范怀有畏惧之心，廉耻之心尚存，所以行事多少还有些顾忌或底线。如此而已，“伪君子”比“真小人”对社会就会好一点。比如，“伪君子”在公共汽车上往往会让座，因为他要说明自己是君子。比如，“伪君子”见死往往会救，因为他要说明自己是救死扶伤的好人，而非见死不救的小人。说白了，“伪”是要付出代价的，就像那包装，也要成本的，而这代价、这成本，正好对社会有利，正好使社会不那么血淋淋。至于“伪君子”，更有欺骗性、危险性的问题，其实是这样的：第一，他为了有欺骗性，就不会轻易地把“伪”剥去，就会继续做一些“君子”做的事。也就是说，“伪君子”至少比“真小人”作恶的机会小，频率低。从这个意义上说，也是有积极意义的。第二，“伪君子”一旦“伸手被捉”，露出小人的面目来了，他就“伪”不下去了，他也成了“真小人”了。这时候，他的欺骗性也就不存在了，也不存在更大的危险了。

“真小人”是明着损人利己，“伪君子”是暗地里损人利己，有点像贼，既要别人的东西，又不想被别人知道。所以可以说，“伪君子”是弱小的“真小人”。贼的危害是比强盗小一些的，所以抓起来以后，同样的犯罪金额，抢劫比偷窃量刑重。不可设想，如果世界上的贼统统变成了强盗，这个世界何等地恐怖。同样的，假如“伪君子”统统变成了“真小人”，这个社会也会很可怕的：矛盾会公开化，矛盾会激化。所以，我倒是只希望“伪君子”走向真君子，不希望“伪君子”变成“真小人”。

顺便再说两句话：一、一个社会“真小人”多于“伪君子”，说明社会对小人的约束少了，发展下去会动乱的；二、有些“伪君子”其实是“伪伪君子”，他们平时君子的行为多，因人无完人，难得做一次“小人”，则被视为“伪君子”。

24. 真理的敌人

真理和自由最大的敌人就是那结实的多数派。

—— 易卜生

真理也许一时在少数人一边，但终究会拥有大多数，真理的敌人是知道真理而反对真理的人。

—— 高 鸣

巴拉图说："真理可能在少数人一边。"毛泽东说："真理往往在少数人一边。"两位名人不约而同地说出了真理和少数人的关系，说得符合事实，说得很有道理。但易卜生把"那结实的多数派"看成是真理的敌人，那就有问题了。

真理是什么？真理是揭示事物的本质，是事物发展的规律，是认识世界改造世界的工具。所以，真理是美好的，人们只要不是别有用心，总是会喜欢真理的。可是，真理又是深奥的，所以，一开始追求她、掌握她的人一定是智者和勇者，这就决定了一时站在她一边的可

易卜生

能是、往往是少数。

在真理身边的人一时是少数，不等于永远是少数，随着时间的推移，随着真理的传播，随着真理和谬误的斗争，知道真理的人会越来越多，和真理站在一起的人会变少数为多数。这方面的例子举不胜举，一个典型的例子是：地球是圆的这一真理，开始站在她一边的只有一个人——他的名字叫哥白尼，后来这一真理被更多的科学家认识了，逐步成为人皆共知的真理。可见，易卜生所说的“那结实的多数派”，其实是“不结实”的，他们中的大多数经不起真理的熔化，会慢慢觉悟，会慢慢走到真理这一边来的。

为了让更多的人拥有真理，我以为有两条值得注意：一条是，要搞清楚“那结实的多数派”里面，很多人是可以争取过来的。他们不是敌人，只是一时没有觉悟的人，我们要有团结大多数的思想，要有统一战线的概念，不然的话，“那结实的多数派”就会压倒坚持真理的少数人，那就惨了，那才是真理的悲剧。另一条是，要重视真理的传播。歌德说：“真理必须一再重复，因为在我们的周围谬误也一再被宣扬。”传播就是重复的武器，重复传播一千遍，知道真理、懂得真理的人就多了。理不辩不明，真理不怕辩。人类把坚持真理和传播真理视为人的第一美德，并鼓励人们去发扬她、光大她。唯有如此，真理才能拥有大多数，拥有绝大多数，让谬误没有藏身之地。唯此，社会需要有一批传教士，需要传教精神！

话说到题目上来，既然“那结实的多数派”未必是真理的敌人，那真理有没有敌人呢？我以为是有的，但不是那些一时看不到真理的人，真理的敌人恰恰是那些知道真理而反对真理的人。为什么会这样？道理很简单，真理伤害了他们的利益，因此他们不愿意站在真理一边，故意要站到真理的对立面去。比如，“干部是人民的公仆”这个真理，有些领导干部不是不知道，但就是不愿意接受，因为他的利益是骑在人民头上作威作福。这就成了真理的敌人，人民的害虫。对于这种真理的敌人，对他传播真理是没有用的，因为他本身就懂。有效的措施是，用强大的舆论约束他，用严厉的法律制裁他，别无他法。如此，则真理的敌人会越来越少，最后变成“稀有动物”。

25. 尼采的鞭子

要到女人那里去吗？别忘了带上你的鞭子。

——尼 采

要到女人那里去吗？别忘了把感情和理智一起带去。

——高 鸣

尼采的这句话路人皆知，生活中照此办的人不会有几个，我相信尼采本人也未必这样做过。尼采有个朋友说，凭尼采的性格，尼采见了女人十次会有十次收起那鞭子的。可见，尼采这句话，很可能是在被某些个女人伤了心以后，他在气头上说说的，我们完全不必当真。然而，尽管如此，这句话的消极意义还是存在的，因为他传递了一个信息、表达了一种成见，即女人是不可理喻和寡情的——以情感动不了她，以理说服不了她，唯有鞭子有效，也就是武力有效。受此话的影响，有些人会被误导，固然绝大多数男人不会真的带了鞭子去见女人，但不可避免地会带着偏见去见女人。这对女人已经是不公平的了。

尼采

不平则鸣，这就不和谐了，男女间不和谐，对男人也不利。

尼采是搞哲学的，理性尤其见长。由于生理的原因，女性普遍长于感性而短于理性，所以古今中外少有女性哲学家。从这个意义上说，男性哲学家也许跟女性反差更大一些，由此造成他们之间沟通起来要困难一些，容易有隔阂。问题是，对女人使用鞭子，不仅解决不了男女之间的沟通问题，还造成了更大的矛盾，而且是犯法的。

那么，到女人那里去带什么比较好呢？我的回答是，把感情和理智一起带去。女人是容易动感情的动物，你带了感情去，她就容易亲近你。送一束花，这是一种带有感情色彩的举动，所以常常受女人欢迎。当然，“一束花”解决不了更多的问题，男女间还是会矛盾百出，冲突多多。这就用得着男人带去的理智了，男人要用带有温情味道的语言，形象地、深入浅出地表达理智的东西，以此去感化她、说服她。

人类进入了21世纪，有人说，21世纪是女人的世纪。为什么会这么说？因为社会进步到今天，随着教育的普及，女性赶上来了，而且凭着她们特有的优势，大有超越男性的趋势。在这样的时代大背景下，尼采的“带上你的鞭子”也好，中国式的“女子无才便是德”也好，通通将进入历史的垃圾堆。令人担心的倒是哪一天出现女权压男权，男人处劣势的“女男不平等”。

26. 无辜的财产

财产这个魔鬼，摸着什么东西就要败坏什么东西。

——卢 梭

财产不是魔鬼，关键是如何对待它。

——高 鸣

上世纪70年代，香港有部电影，片名叫《无辜的少女，罪恶的社会》。这里我要说，无辜的财产，罪恶的用财产作恶的人。生活中我曾见过这样的情景：一个幼儿不小心被一块石头绊倒了，哇哇大哭，年轻的母亲跑过去，边抱起孩子，边怪那石头："都是石头不好！"摔了跤不找人的原因怪石头，那是母亲哄小孩的伎俩，想不到卢梭也会如法炮制，真是可笑之极。

"鸟为食亡，人为财死"，这是一种自然和社会现象。根据卢梭的逻辑，鸟应该说"食这个魔鬼"。我想，鸟如果会思维、会说话，一定会说"鸟以食为天"，这才是对的。财产就是物质，物质多了，

卢梭

就是物质文明。财产对人类而言是第一重要的东西，其次才是精神。孔子和他的学生来到卫国，这里人口众多，学生问，我们该对他们做些什么呢？孔子的回答只有两个字——“富之”，就是让他们富裕起来，财产多起来。学生接着问，他们富了以后，我们再为他们做什么呢？孔子的回答又是两个字——“教之”，就是开始进行教育。不要小看这四个字，只有非常成熟的政治家，才会用简单的语言回答复杂的问题。如何治理一个国家？先让他们富裕起来，再推行教育，就这么简单。你看，先富起来，先让财产多起来，分明是天大的好事，财产——

物质文明，还是精神文明的基础。当然，我们不能满足于富裕起来，满足于拥有大量的财产，这是低层次的，人应当有更高的目标，也就是精神世界、精神富裕、精神文明。假如光有财产，没有精神，就会空虚无聊，甚至用财产去干坏事，这是一方面。另一方面，假如为了财产不择手段，如贩毒、如受贿索贿、如偷如抢，凡此种种，就有魔鬼的味道了。可尽管如此，还是人本身的错，与财产无关。什么叫魔鬼？魔鬼是有意识的坏人。财产没有意识，财产只会被人利用，它是无辜的。

有的男人犯了错，怪女人，说女人是“祸水”；有的人为钱犯了错，说钱是魔鬼，共同点是一个，推卸责任，本末倒置。

人类为了生存、为了生活，财产还是要的，而且多多益善。问题是两个，一个是取之要有道；一个是别忘了财产不是万能的，要高质量的生活，就得有美好的精神生活。光有物质生活是动物，人虽然也是动物的一种，但人懂得上升，上升到精神领域里去。

27. 生命的长度

把活着的每一天看做生命的最后一天。

—— 海伦·凯勒

计算生命的长度，过好每一天。

—— 高 鸣

美国人海伦·凯勒要人们“把活着的每一天看做生命的最后一天”，目的也许是希望人们因此珍惜生命吧，但我觉得看做“最后一天”不好，会有不少副作用的。

好的人生是要有规划的，尽管这种规划不免会在实践中视情况而调整。青年有青年的规划，中年有中年的规划，老年有老年的规划。如果是“最后一天”，那还能有什么规划呢？“最后一天”还能做些什么呢？小到平民百姓，大到皇帝大人，大概也只能写写遗嘱，交代后事而已。所以，“最后一天”，无规划可言、无实事可办，实在没有积极意义。

好的人生是要有希望的，尽管有些希望终生也实现不了。没有希望的人生不会快乐，不会幸福。“最后一天”，除了希望“来世”，本世再无希望可言。所以，“最后一天”是痛苦的一天，消极的一天。

人的一生，长度是有限的，短则几十年，长则命百岁，这就是生命的长度。有了这个长度，生命才有意义，才能有所规划，有所希望，有所作为，有所生活，有所快乐和幸福。在历史的长河中，几十年、一百年也是短暂的。生命既美好又短暂，天经地义值得珍惜她，哪能要到了“最后一天”才想到珍惜。到了“最后一天”，珍惜已晚矣，已经来不及了。所以，“最后一天”的假设，有弊而无利。

海伦·凯勒

几年前，我去过美国首都华盛顿，这是一座美丽而井井有条的城市，道路和建筑等布局得非常合理。导游告诉我们，华盛顿现有的城市框架，是两百多年前便规划好了的。假如规划三年一小变，十年一大变，决计不会有今天这样的理想现状，可见长远规划之重要。现在，我国每个城市都有规划局，对城市建设也有比较长远的规划了，这是可喜和必要的。一个城市是这样，一个人同样也是这样，个人规划对人生实在缺之不可。规划有个前提，要有“长度”，可见“最后一天”不行。我们要清醒地认识到，我们的生命还有相当的长度，或可做几十年规划，或可做几年规划，这样才能按规划办事，把事情办好。

生命还有较长的一段，可规划，可希望，可努力为之奋斗，这才是积极的人生、快乐和幸福的人生。

28. 成功的条件

不在乎别人是否赏识他的人，必定成功。

—— 金基尔

不在乎别人是否赏识他的人，未必成功。

—— 高 鸣

成功没那么简单，假如“不在乎别人是否赏识”就能成功，那在这个世界上要成功就太容易了，人群中成功者必定十有八九。看看我们的周围吧，是这样的情形吗？倒过来还差不多，不成功者十有八九。

生活中确有两种人，一种人在乎别人是否赏识他，一种人并不在乎别人是否赏识他。在乎别人是否赏识自己，确乎是有点问题的，因为别人的赏识与否，不是检验真理的标准，不是衡量自己好坏的尺度。在乎这个，就会失去自我，少了自己的主见和理念，人云亦云随风倒。这样的人，是既没有智慧也不勇敢的人，他们恐怕连成功的欲望也不

会有，何况去争取成功、实现成功了。

但是，我们说在乎别人是否赏识自己不可取、没出息，不等于可以反过来如金基尔所说“不在乎别人是否赏识他的人，必定成功”。请看我的理由：不在乎别人是否赏识的人，有种种，其中有的人胸无大志，只求生存，不求发展，只管自己，不管别人和社会。这样的人，以为如此活得轻松快乐，才不在乎别人如何看自己呢。有的人为了一己之私利，不惜损人，不惜坏事干尽，如贩毒、偷窃、受贿等等。这样的人，别说不在乎别人是否赏识自己了，哪怕别人骂他、恨他都不在考虑之中，哪怕有判罪判刑的危险都无所顾忌。请问金基尔，上述两类不在乎别人赏识的人，必定成功吗？我想，应当是、必定是不成功。

那么，在“不在乎别人是否赏识他的人”中间，有没有成功的人呢？有的，而且成功的人必定产生在这种人中间。这是一种什么样的人呢？前提是，他胸怀大志，顺应时势，凭着自己的聪明和勇敢，选定了为此奋斗终生的人生目标。在实现目标的过程中，有人会误解他，甚至反对他，这时候，他能做到“让别人去说吧，走自己的路”。这样的人，是有成功的可能的，但也只是可能而已，也不能“必定”。因为，成功的条件不光有主观的，还有客观的，人只能主观努力，不能左右客观。成功，天时地利人和三者缺一不可。

以为“不在乎别人是否赏识他的人，必定成功”，是偏激，是简单化，是盲目乐观。这样的观点，对旁观者、对当事人，都没有价值，甚至是有害的。

你想成为成功的人吗？那么，请你先想清楚弄明白成功的条件，然后去努力创造条件，这就有了成功的希望！不过还要记住，希望还是有实现不了的可能的，所谓“壮志未酬身先死”，所谓“人算不如天算”，说的就是这个事实，说的就是这个道理。这不是“宿命论”，这是生活的辩证法。

29. 等待的结果

会等待的人一切都会得到。

——拉伯雷

光等待是不行的，要有所作为。

——高 鸣

只要等待，明天就会来临。只要等待，冬天过后是春天。我想，只有时间，只有季节，是可以靠等待而得来的。

在人的社会里，我不知道还有什么东西靠等待可以得到。也许，拉伯雷会说，比如我们种了一棵小树，只要等待，它自然会生长成参天大树；比如我们进了一个工作单位，只要等待，工龄长了，老板自然会给你加薪。果真如此吗？不然。种了树，起先少不了要浇水养护的，不然会干死，即使运气好，种下去后长期下雨，无需浇水，也不一定保证成活，不一定长大成材。为什么？因为天有不测风云，说不定地震，说不定风灾，会把树震死，会把树吹倒。因此，我们对所种

拉伯雷

之树就是有所作为了，也不一定能有好的结果，更不用说消极等待了。再说加薪，也是未知数，你努力了，加薪的可能性大一些，也不能全保，因为企业有破产的可能；你不努力，希望就更少，说不定老板还要减你薪，甚至解雇你呢。

我们来设想一下，拉伯雷说“会等待的人一切都会得到”，是不是还有这样的意思：就是要人们要有耐心，不要急躁，有“欲速则不达”的含义。如果是这样，当然有一些道理，有一些进步意义。是的，事物发展是要有一个过程的，过急没用，更不能因为一时见不到成效，见不到理想的结果，就动摇了信心，不再积极地等待，半途而废。问题是，天上不会掉馅饼，光等待不够，还要有所作为。有人说，不努力的人只能喝西北风。还有人说，就是喝西北风，也要站到门口去，躲在家里面，是连西北风也喝不到的。

我们人类和动物有一个本质区别——那就是动物只能顺其自然，适应自然，一切受自然支配；而人不同，人可以在部分认识自然以后，有限地改造自然。一味等待，就放弃了人的主观能动性，降低到动物的水平上去了，显然不可取。

人分两类，一类人比较主动、比较积极，希望去争取命运；另一类人比较被动、比较消极，习惯于听天由命。这后一类人，常常有侥幸心理，寄希望于老天帮忙、命运帮忙、机会帮忙，可以让自己不费力、不劳神，而“一跤跌进青云里”。我少年时在农村，见到不一样的农民，一种是新种了菜，必定浇水，生怕菜干死；另一种是，新种了菜不浇水，等待天上下雨。结果怎么样呢？结果是，前者种的菜每每成活；后者种的菜有时成活有时不成活，全凭等待中的运气。在不同的两种农民身上，我是有所感悟的：要增加“得到”的把握，就得积极出力，不可消极等待。

30. 反对知足

知足是人生在世最大的幸事。

——艾迪生

知足是束缚人进步的绳索。

——高　鸣

苏格拉底说："人有两种，一种是快乐的猪，一种是痛苦的人。"猪怎么会快乐呢？因为猪被人喂饱了，它就知足了，所谓"知足常乐"。由此可见，知足不是人生在世最大的幸事，知足只能满足动物性，满足不了人性。人性是要永远有所追求的，这就需要"不知足"。知足是束缚人进步的绳索，"不知足"才是人类进步的动力。

人类发展到今天，无论是物质还是精神，都积累了丰富的财产。这就为我们现代人好好生活创造了条件，从这个意义上说，我们要有感恩的思想，不该有埋怨的情绪。但不等于说，我们对社会的现状、对我们已经得到的东西，就可以知足。知足，或许可以快乐一些，但那是傻乐，因为知足就是没有远虑。俗话说，“没有远虑，必有近忧”，知足带来的乐，必定是长久不了的，因为生活如逆水行舟，不进则退。退步了，社会就落后了，财产就越来越少了，到那时，将“无足可知”。所以，话其实应当这样说，“知足短乐”，只有不知足、不满足，才能去争取更大的“足”、更多的“足”，从而保证“常乐”。古人，我们的祖先，假如早就“知足”，最多只能维持生计，勉强生存，就不会去创造和发展了，就不会带来今天的文明，那么今天的“乐”何在呢？比如，如果我们的先人仅仅满足于口头传播，就不会有今天的广播传播、电视传播、报刊传播和网络传播。比如，如果我们的先人满足于步行和骑马，就不会有今天的车、船和飞机。

在21世纪的今天，地球已成了地球村，经济已成了市场经济，这就加剧了国与国、地区与地区、企业与企业、人与人之间的竞争，谁“知足”而不前进，就会在竞争中败下阵来，就会“乐”不起来。过去的好多年，我们中国靠“制造大国”，赚了好多钱，但现在倘若为此而“知足”，就会落后于新时代的要求，我们只有调整产业结构，才能在世界上有新的立足之地。一个人的知识结构也是如此，哪怕是个博士生，如果对先前的知识“知足”，三年不读书不学习，也是会被社会淘汰的。

“知足”，说白了就是没有了新的欲望，没有了新的欲望，就没有了激情和动力，那不是“最大的幸事”，正好相反，那是最大的不幸。

说“知足常乐”的人也好，说“知足是人生在世最大的幸事”的美国著名作家艾迪生也好，可能会说，那他们所说的话，对物质生活而言，应该没错吧？我以为，也是错的。人类对物质生活也是不能满足的，因为生产是手段，生活是目的。马克思说：“社会生产为社会需要服务。”这里的社会需要，就是人们的生活需要，主要指的是人们的物质生活。所以，倘若人们对物质生活满足了，就不会有物质文明的进步；没有了物质文明的进步，最终也就没有了精神文明的进步。整个社会不进步了，那还了得！知足是懒人的借口，知足是懒人哲学。反对知足！

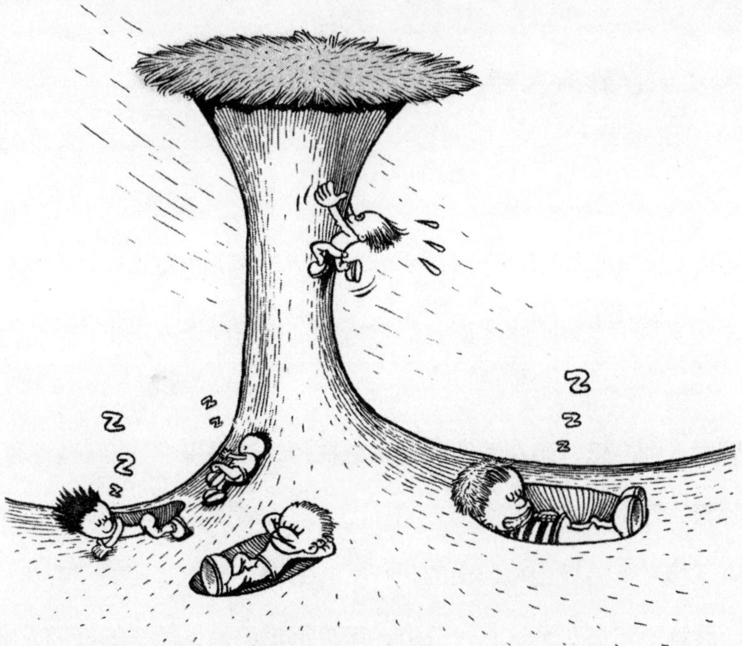

31. 提倡好为人师

人之患，好为人师。

——孟子

人之优，好为人师。

——高鸣

人说，凡人是免不了要说错话的。我说，圣人也是免不了要说错话的。孔孟是圣人，“人之患，好为人师”，就是圣人孟子说错的一句话。

好为人师之患，患在哪里呢？是患在师，还是患在师的对象？好为人师者，对别人应该无所谓患吧，因为对师者的话，听者可听可不听，听了接受不接受也是自由的。听听有道理，说不定还能“听君一席话，胜读十年书”。这么一分析，可以得出结论，孟子的好为人师之患，患在师者本人。我思量之，大约有三患：俗话说，“教徒弟，杀师傅”，此一患也；老是去教导别人，容易被认为此人自以为高人一等了不起，骄傲不谦虚，此二患也；把太多的时间和精力花在为师上，自己读书、实践的时间和精力就少了，难于进步，此三患也。从自私的角度看，上述“三患”确实患。但是如果从公的角度看、从社会意义的角度看，那就不是患，而是利了，这叫做患己而利人。人说老师如蜡烛，燃烧了自己，点亮了别人，好为人师者，就是这样的人。

好多年前，我在一本《自然》杂志上读到这样一篇文章，文章介绍两种不同的鸟。一种鸟有聪明的，也有笨的，那聪明的鸟不愿把自己觅食的本领教给那笨的鸟，结果笨的鸟因无食而亡，因此，现在这种鸟已濒临灭绝了。另一种鸟，也有聪明和笨的区别，但那聪明的鸟

乐于把自己的觅食本领传授给那些笨一点的同类，结果此类鸟和谐共处，代代相传，子孙兴旺。看来，鸟也是好为鸟师的鸟好，这样的鸟才有利于族群的进步和发达。鸟如此，何况人乎？

其实，人是各有所长的。在这方面，你行你可以当老师；在那方面，你不行你可以拜人为师。以己之长，好为人师，就可以帮助别人也“长”起来。别人好为人师，就可以将别人的长变为自己的长。

其实，在好为人师的过程中，自己还可以得到原有知识的温习，温故而知新；还可以在“学生”的质疑和批评声中，完善自己的知识和见识。

其实，教师就是职业化的好为人师者。“一日为师，终身为父”、“教师节”，都是由尊重教师而来的。

说来说去，似乎好为人师并非什么坏事，倒是应当提倡的。那么，我们是不是要尊重好为人师者？是不是要立志去做一个好为人师者？答案是肯定的。

32. 存在的未必合理

存在即合理。

——萨　特

存在的不等于合理，合理的一定会存在。

——高　鸣

这个世界存在不公平，不公平是合理的吗？不管什么社会制度，政府内都存在腐败，腐败是合理的吗？许多地方存在恐怖活动，恐怖活动是合理的吗？有人在贩毒，贩毒是合理的吗？显而易见，存在不等于合理。只能这样说，存在自有存在的原因，原因和合理是不一样的。找出原因，我们可以对症下药克服它；承认合理，还有必要去改变它吗？

人类社会无论进步到哪一天，存在的东西肯定永远可以分成两种：一种是合理的，一种是不合理的。比如人与人之间的团结友爱，是存在的，又是合理的；人与人之间你争我斗，是存在的，又是不合理的。比如，人健康的生活方式，是存在的，又是合理的；人不健康的生活方式，是存在的，又是不合理的。如果说“存在即合理”，那岂不是说，人们团结友爱是合理的，人们你争我斗也是合理的；人健康的生活方式是合理的，人不健康的生活方式也是合理的吗？两个敌对的东西，如果一方是合理的，那对方一定是不合理的，哪有同为合理的可能。毛泽东说得好，“不是东风压倒西风，就是西风压倒东风”。两个敌对的东西的关系，就是合理和不合理的关系，就是“东风”和“西风”的关系。如果说存在的就是合理的，那事物就没有矛盾和斗

萨 特

争了。没有了矛盾和斗争，事物如何进步和发展？

存在即合理，这就没办法选择了。存在的甲合理，存在的乙合理，存在的丙和丁也合理，那我们如何选择呢？选择什么呢？现在世界上有两大主义：一为资本主义，一为社会主义，两种主义都存在着，中国如何选择呢？对中国来说，如果两种主义都合理，我们就无从选择了。

存在即合理，这就没有消灭不合理之存在的理由了。你如何去反对不公平，反对腐败，反对恐怖活动，反对贩毒？只有说出那些存在的不合理性，我们才能理直气壮地去解决它，使之不存在。

存在的，未必合理；倒是合理的，早晚一定会存在。比如男女平等，是合理的，过去做不到，现在好多了，将来一定会实现。比如共同富裕，是合理的，改革开放之初做不到，只能“让一部分人先富起来”，但今后，共同富裕是必由之路。

人类社会就是这样的：永远有不合理的存在，同时永远有合理的取代不合理的，社会就是在这一过程中进步的。

33. 富裕才自由

贫穷的伴侣是自由，束缚伴随着富裕。

——木村鉴三

贫穷的伴侣是束缚，富裕伴随着自由。

——高　鸣

木村鉴三是日本宗教思想家，在这里，我的思想正好和他南辕北辙。贫穷怎么会带来自由呢？富裕怎么会带来束缚呢？恰恰相反，贫穷了，就不自由了，倒是有束缚了。因为贫穷的时候，人的第一需求是脱贫，求生存。为了求生存，人往往就没有选择职业的自由；往往就没有行万里路的自由；往往就没有读万卷书的自由；往往只能整天忙于生计，疲于奔命，被束缚在自己不喜欢，但又不得不为之的具体事物和劳作上。

人只有走出贫穷，吃饱了、穿暖了以后，才有可能去追求更美好的东西；只有富裕了，才会有支配时间的自由，选择干什么不干什么的自由，选择闭门读书和出门游历的自由。

我青年时有个农民作家朋友，他结婚生子前尚能白天挣工分，晚上搞创作；可是结婚以后，尤其是有了两个孩子以后，迫于生活压力，他创办了一家礼品公司，整天忙于生意，近十年无暇写他的小说和散文。十年中，他做生意赚了很多钱，富裕了起来。前不久他把好端端挣钱的公司关了，又重操旧业，著书立说了。他深有感慨地对我说："贫穷不是好东西，它让你身不由己，逼着你去做自己不想做的事；富裕真好，现在我可以自由地读喜欢读的书，和喜欢的人在一起谈天说地，干自己感兴趣的事。"江苏光芒电器有限公司总经理周士友也对我说过，儿时贫穷的他，被束缚在偏僻的村庄里，如今富裕了，他

可以自由地驾着小车日行数百里，乘上飞机周游世界。

我家有个小院子，院子里养了五只鸡，我发现，这些鸡在没有喂饱的时候，总是乖乖地待在院子里不走远，见了我还跟着讨东西吃。一旦把它们喂饱了，它们就不亲近我了，也不留恋院子了，它们会自由自在地到处乱走，有时甚至会远走几百米，到那陌生的地方去“旅游”。对于鸡来讲，饿了就是“穷”，饱了就是“富”。你看，这一“穷”，就束缚在院子里，束缚在能喂它食的主人身边；一“富”，就自由了，天地就大了。鸡是这样的，人不也如此吗？这些年常常在电视里看到一些昔日的文化人，经过了从创业到成功的历程以后，纷纷回到“文化”的岗位上来了，著书的著书，演讲的演讲。从一定意义上说，正是财富，把他们从贫穷的束缚中解放出来了，使他们变得自由了。

富裕伴随着自由，个人是这样，一个地区和国家也是这样。一个地区和国家，在贫穷的时候，常常只能从事农业，从事手工业，从事产业链的最低端。逐步富裕起来以后，就可以慢慢挣脱这种束缚，就有了从事第二产业、第三产业的自由，就可以自由地走到产业链的高端去，从而赚取更多的钱。

人类物质和精神均贫穷的时候，被束缚在森林里、深山里，物质和精神好转以后，就建立了农庄，建立了城市，这样，自由的天地就广阔了。人类的物质和精神进一步富裕以后，自由度必定更大，不是吗？现在已经有人自由地去了月球。所以，贫穷不是好东西，贫穷不自由；富裕才是好东西，富裕才自由。

34. 体力与脑力

体力的工作可以宣泄精神的痛苦，这正是穷人比富人幸福的原因。

——拉罗什富科

脑力的工作同样可以宣泄精神的痛苦，穷人并不比富人幸福。

——高 鸣

拉罗什富科上述的话是在《箴言录》里说的，在这里他认定：体力的工作比脑力的工作更能宣泄精神的痛苦，穷人比富人幸福。说话要有根据，我不知道他说这话的依据是什么。我这里倒有个相反的依据：最近某市有一个幸福指数调查，发现改革开放三十年以来，随着人们从事体力劳动的时间逐步减少，随着从贫穷到小康到富裕，随着脑力劳动、精神生活的日益增加，幸福指数大大提高了。

马克思说："劳动创造世界。"没有劳动，便没有一切。人本身就是由劳动进化而来的，动物只会觅食不会劳动，因此，劳动还是可以区别人和动物的标准。然而，我们说劳动伟大，并非仅指体力劳动，理所当然还应该包括脑力劳动,而且脑力劳动还是一种更高级的劳动。随着人类的进步、社会的发展，科学技术会把人从繁重的体力劳动中解放出来，让越来越多的人谋生的手段变体力劳动为脑力劳动。这一点，只要回顾一下中外历史，就已经可以证明和预测了。

说到人的痛苦和幸福，这一方面取决于客观的条件。比如一个人的健康状况，关系到这个人的痛苦和幸福；一个人的境遇，包括富裕与否、人际关系怎样等等，同样也关系到这个人的痛苦和幸福。除了这些来自客观的因素，一个人的痛苦和幸福，还取决于这个人的心态如何。乐观的人、豁达的人、开朗的人、宽容的人，在同样的客观世界面前，相对来讲，他就会痛苦少一点，幸福多一点。

再说到体力和脑力上来。工种没有贵贱之分，但在市场经济的社会里，什么都按价值规律办事。由于智力发达的人稀缺，也由于通常脑力劳动创造的经济价值大一些，所以一般而言、普遍而言，脑力劳动的报酬一般也会比体力劳动的高一些。经济收入多了，就可以改善一个人和他的家人的物质生活条件；物质生活好了，相对来讲，身体状况也会好一些，心情也会舒畅一些，幸福感也会多一些吧。

再说心态问题，从某种意义上来说，心态问题也是一个智商和情商的问题。从事脑力劳动的人，平时书会看得多一些，路会走得远一些，因此见识比体力劳动的人会广一些、深一些。俗话说，知书达理；俗话说，行万里路胜读十年书。达理就能通情，通情就能调整好心态，把痛苦的东西尽可能宣泄掉，留住美好和幸福的记忆。我有一个学者朋友，他成年后一辈子从事脑力的工作，他有一个说法很好，他说他悟出来一个道理，就是一个人要幸福，就得学会对痛苦的事麻木一点，对快乐的事敏感一点。而这样的本事，他是从书本中的智者那里学来的，是从四面八方的朋友那里学来的。可见，从理论到实践，脑力的工作，同样可以宣泄精神的痛苦，富人并不比穷人痛苦。

从进化的角度讲，人类会越来越聪明，会越来越依靠自身的智力而非体力去适应和改造这个世界，去减少痛苦，去获得更多的快乐和幸福。假如，像拉罗什富科所说的那样，体力劳动者痛苦少，穷人比富人幸福，那几百年、几千年以后，这个世界就没有幸福的人，全是痛苦的人了。要是真的这样，人就不聪明了，那不是进化，而是退化了。难道人还会退化到动物的层次上去吗？不可能！

拉罗什富科

35. 说错就收回

一言既出，再也无法收回。

——贺拉斯

所说之言，该收回的就收回。

——高 鸣

“一言既出，驷马难追”，这句中国人说的话和外国人贺拉斯的话意思差不多，都是反对把说出去的话收回的。可见，在这个问题上，中外的传统观念是一致的。

可是，我有不同的看法。我以为，所出之言，该不该收回，是要具体“言”具体分析的，不该一概而论。

人的一生，漫长数十年，免不了要说错一些话，做错一些事。做错了就改，历来被公认为美德，受到赞扬和鼓励。为什么说错了收回，就不行了呢？我想，这是没有道理的。

不能收回的“言”，其实只有两种：一种是“所言极是”之言，话说得好，说得合情理，当然无需收回，应当坚持，应当固守；另一种是，那“言”是和别人的一种公平约定，签了合约的，收回就是违约、违规、违法。

除了上述两种“言”，其他“言”有什么不可收回之理？有的“言”说的时候就错了，它不合实际、遭众人反对，这样的“言”为什么不能收回？有的“言”说的时候是对的，但经过一个阶段，客观情况变了，其“言”过时了、不适用于现实了，这样的“言”为什么不能收回？还有的“言”是一种激动时说出来的“大话”，也无所谓对和错，

贺拉斯

也不受合同约束，但兑现起来有难度，如不收回，如按那“大言”去做，得不偿失，这样的“言”为什么不能收回?

诚然，要收回该收回的“言”，是有压力的，“言”者或会被人说不成熟，或会被人说“说话不算数”。所以面对该收回的“言”，有人就采取“不收回”，宁愿错下去；或争气不争利，“死要面子活受罪”。只有那些实事求是而又勇敢的人，才会去收回该收回的“言”。

提倡收回该收回的“言”，并不是说，可以不作一点解释，一收了之。对说错了的话，收回时要说明原话错在哪里；对过时了的话，收回时要讲清收回的理由；对一时激动所说的无法兑现的“大话”，收回时要赔礼道歉。

收回该收回的“言”，是对说者而言的。对听者而言，则要做到两条：一条是帮助言者判断对错，假如说者所说明明是对的，却自己没有把握要收回，听者便要及时提醒，阻挡其收回；另一条是，对说者该收回的收回之举要持宽容的态度，不要输出压力，要开通“绿色通道”。其实，在现实生活中，我们每一个人，既是说者，又是听者，所以，对说者的宽容，就是对听者的宽容，真所谓“与人方便，与己方便”。

世界总是和谐的好，所说之言，该收回的就收回，没有多大压力，这也是和谐的一部分。当然，对于那些不可以、不应该收回的话，那就另当别论，切不可等而言之。

36. 生命的快乐与痛苦

生命是建筑在痛苦之上的，整个生活贯穿着痛苦。

—— 罗曼·罗兰

生命中有快乐，有痛苦，乐观的人快乐多，悲观的人痛苦多。

—— 高 鸣

如果真像罗曼·罗兰所说，让人不寒而栗，活着还有什么意思？好在生命不是“建筑在痛苦之上的”，整个生活也不是“贯穿着痛苦”的。

那么，生命建筑在什么之上呢？我想，生命是自然的产物，人的生命是建筑在自然和社会之上的。生命既然是自然的产物，就不可能全是痛苦。比如一棵树，尽管要遭受风吹雨打的“痛苦”，但同时会有阳光雨露的“快乐”。比如一匹狼，尽管会有饥饿的“痛苦”，但同时会有在广阔的森林里自由自在的“快乐”，会有捕捉猎物的“快乐”，会有同异性做爱的“快乐”。人也是这样，有生病的痛苦，有

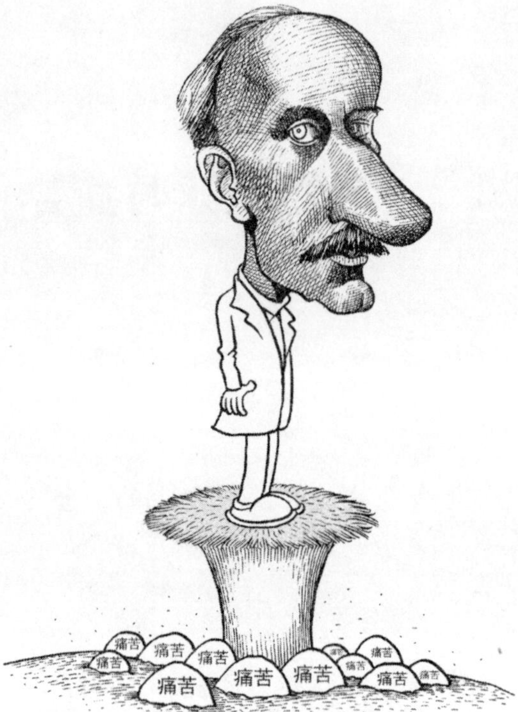

罗曼·罗兰

失恋的痛苦，有贫穷的痛苦，但同时也有亲情、友情、爱情的快乐，有读书的快乐，有创造的快乐。

而且我想，植物也好、动物也好、人也好，只要生命存在，快乐必定是大于痛苦的；假如反过来，痛苦大于快乐，那生命必定是会终止的。植物、动物不堪“痛苦”，就自然死亡了；人不堪痛苦，生不如死，就自杀身亡了。人只要愿意活着，肯定觉得快乐和痛苦两相比较不“亏本”，或者一时“亏本”，也是寄希望于未来把快乐“赚”回来的。

人的生命要比植物和动物复杂一些，因为他既要面对自然，又要面对社会，但就快乐和痛苦而言，他和动植物是一样的：快乐和痛苦并存。人生命的意义就在于不断争取更大快乐，并使快乐可持续，同时把痛苦降到最低限度。

要快乐，不要痛苦，这是人之常情。如何做到？我想，人类的一切工作，目的都是在创造快乐的条件。比如农民种田，就是为了解决吃饭问题；医生看病，就是为了解决健康问题；作家写书，就是为了解决精神需求问题。这些问题的解决，其实都是与快乐和痛苦的问题连着的。随着社会的发展，人类创造的外部世界条件会越来越好，这就是增加快乐、减少痛苦的基础。我是一个乐观主义者，当然，对于未来的乐观，只是乐观主义者的看法。悲观的人，总是对现实和未来都悲观的。对了，生命是快乐还是痛苦，除了客观世界的因素，还取决于一个人的内心世界。在同一个世界面前，在差不多的个人境遇面前，乐观的人快乐多，悲观的人痛苦多。罗曼·罗兰会说出上述的话，大概他是一个悲观主义者吧？

快乐是乐观者的伴侣，痛苦是悲观者的密友。

37. 生命的长与好

人生不在于有多长，而在于有多好。

—— 塞涅卡

没有数量便没有质量，人生在乎长短。

—— 高 鸣

人的生命是美好的、宝贵的。美好的东西、宝贵的东西，当然是越多越好、越长越好。没有数量便没有质量，如果人的生命短暂得只有一分钟，哪还有好可言？因此，我们不能不在乎人生的长短。

人生就是经历，愉快的经历也好，痛苦的经历也好，都是人生必经的，而且都是有意义的。愉快的经历，可以让我们享受人生的美好，更加珍惜生命；痛苦的经历，可以磨炼我们的意志，促使我们对许多问题进行反思。新近我去监狱探视一位昔日的领导，他对我说："在牢房里，我现在的思想比以前在外面风光时更有厚度了。"有言道，"自古英雄多磨难"，南非的曼德拉，在狱中度过了痛苦的二十七年，

塞涅卡

出狱后被选上总统，成了英雄。可见，经历都是宝贵的，我们要获得更多的经历，只能寄希望于人生长一点，再长一点。

塞涅卡说“人生不在于有多长，而在于有多好”，大概还指一个人对社会的贡献吧？其实，就此而言，人生的长短也是不可或缺的。因为一个好人要成长，要为社会做出较大贡献，他（她）是需要时间的，需要生命的长度的。曼德拉要是死在牢房里，哪有机会日后当总统服务大众？鲁迅要是早死十年，哪来那些锋利而漂亮的杂文？所以，人生要既好又长，才更有意义。

人的生命只有一次，没有机会重新来过。塞涅卡强调“在于有多好”，本没错，错的只是忽略了“不在于有多长”。在两样都很重要的东西面前，如果我们为了强调一个东西，而去刻意否定另一个东西，不是实事求是的做法，是一种偏激。这种偏激“传播”出去，是有害的。我有一些抽烟的朋友，我每每劝告他们为了健康、为了长寿，把烟戒了，或者少抽一点也好，得到的回答都是这样的意思：谢谢好意，但人生不在于有多长，而在于有多好。在烟民的意识里，他们是把人生的“好”放在第一位的，所以人生的“长”就让位了。生活中，大有“今日有酒今日醉”的人，在他们看来，人生苦短，不如及时行乐。殊不知，人生苦短要珍惜，如果不珍惜生命，那生命不是更短了吗？

生命是由时间组成的，生命的时间少，就是短命，短命就是不完整的生命。人一生下来是婴儿，长一点了是幼儿，再长一点是儿童，再长一点是少年，再长一点是青年，再长一点是中年，再长一点是老年。一个人如果不到老年就死了，就惨，就遗憾，那就叫死于非命，于个人、于社会都是损失。肯德基老爷爷，要是死于中年，全世界的人就没肯德基吃了。生命的长是和生命的好连在一起的，在乎好，同时在乎长，才是明智的。

38. 自信不在年龄

自信和希望是青年的特权。

——大仲马

自信和希望不是青年的特权，中老年自有中老年的自信和希望。

——高 鸣

大仲马说“自信和希望是青年的特权”的时候，不知道他是青年还是中老年？反正我不同意他的这一说法。我今年年过半百了，我怎么觉得比青年的时候更自信了呢，而且对未来还是满怀着希望的。也许有人会说，这说明你心理年龄还蛮年轻的，像一个青年。那么好，正好说明青年也好、中老年也好，只要心理年轻，都是可以有自信和希望的权利的，自信和希望不是青年人的特权。

无锡有个著名企业叫红豆集团，红豆集团有个总经理叫周海江，他跟我说过这样一件事，他有一次把一个青年干部的职务撤了，取而

大仲马

代之的是一个中年人，原因是什么呢？原因是前者能力不如后者吗？不是的。据说论能力，两者相比，前者还略微强一些呢。真实的原因是，那个青年干部实际年龄只有二十九岁，但他“意志老化”，碰到困难，畏缩不前；而那位中年人却保持着年轻时的朝气，处理问题很是自信。

我想，自信和希望是不分年龄的，或者说，青年有青年的自信和希望，中老年自有中老年的自信和希望。青年人因为年轻，生命力旺盛，那种生命力的自然冲动，会以一种叫做“自信”的东西表现出来，同时因为来日方长，对未来可以有更多的想象和憧憬，所以好像“希望”多多。而中老年呢，尽管身体的机能衰退了，生命力减弱了，但他们比之青年经历得多、实践得多，人生的感悟也多一些，在此基础上，他们对事物的认识往往更有把握一些，因此也会觉得有理由自信，对于未来呢，他们也觉得有能力预测，故而也觉得大有希望。

如果把青年的自信和希望与中老年的自信和希望做个比较的话，我以为，青年的自信和希望更多一点浪漫的成分，而中老年的自信和希望则更多一点切合实际的成分。我这里并没有贬低青年人的意思，也没有赞美中老年人的含义，我只是想说明，不同年龄阶段的人，都是有其特有的自信和希望的，只是“品种”不同而已。倘若这不同的“品种”杂交一下，可能会很好，会既有浪漫主义，又有现实主义，既理性，又感性。这就向我们提出了一个问题，一个相互学习的问题：就是青年人向中老年人学习务实，中老年人向青年人学习浪漫。

如是，我们的民族则有朝气而不失成熟，成熟而不老气横秋。一个精彩的世界是这样的：满街尽是成熟的青年，满街尽是浪漫而天真的中老年。面对社会和世界，他们都拥有自己特有的自信和希望。

39. 原谅自己

尽量宽恕别人，而绝不要原谅自己。

—— 贺拉斯

宽恕别人，也原谅自己。

—— 高 鸣

古罗马诗人贺拉斯上述的话，我赞成他的上半句，不同意他的下半句。在我看来，对别人可以宽恕，对自己也该宽恕、也该原谅。

人无完人，犯错在所难免，别人是这样，自己也是这样。别人说错了话、做错了事，我们予以宽恕，这是一种大度，有利于与这个“别人”相处好关系；有利于给这个“别人”宽松的环境；有利于在自己犯错的时候，也得到这个“别人”的宽恕。自己说错了话、做错了事，不宽恕自己、不原谅自己，又能怎么样呢？总不能打自己几下，给自己处分，罚自己的款吧；总不能老是耿耿于怀，常常处于一种悔恨之中，惶惶不可终日吧。既然宽恕别人是一种人道，那么，宽恕自己、

原谅自己，也是一种人道。道理很简单，自己也是人，人与人之间，应该享受公平的待遇，假如对自己尤其苛刻，其实也是对自己的一种不公平，实在没有必要，而且是不当的。事实上，当我们说错了话、做错了事的时候，总是希望别人能够宽恕和原谅自己的，这是人之常情。所以，宽恕自己、原谅自己，也是可以的，同样符合常情。

贺拉斯和别的一些人也许会反驳我说，自己错了，宽恕自己、原谅自己，就会放低对自己的要求，错了不吸取教训，放纵自己，结果错了不改，一直错下去，甚至犯更大的错误。如果这样的说法成立的话，那么同样，我们宽恕别人也是错的了，因为别人也会和自己一样，不能正确对待自己的错，你宽恕他，促使他继续犯错。事实并非这么回事，正如我们宽恕别人，是寄希望于他有所觉悟，以错为鉴，更新自我，不断进步。宽恕自己、原谅自己，也是这个意思，并不等于说，可以我行我素，在错误的路上往前走，而是放松自己，调好心态，总结经验和教训，以利今后。

对别人的宽恕、原谅和对自己的宽恕、原谅，是一个概念，一个内容。所以，如果对别人是一套，对自己又是另一套，就会把概念搞乱，使内容变质。既然宽恕、原谅是好的，就适用于任何人，包括自己；如果宽恕和原谅是不好的，就不适用于任何人，包括别人。我们平时常说的“严于律己，宽以待人”，细想起来也是不对的，和贺拉斯的意思没什么两样。正确的态度应该是这样的：该严格的地方，比如法律和基本道德，对己要严，对别人也要严；该宽的地方，比如生活小节、风俗习惯，对别人要宽，对自己也要宽。对人对己，用一把尺、一个标准，比用两把尺、两个标准好。这就叫作好的东西大家共享，坏的东西大家共弃。

40. 交友的标准

无友不如己者（不要和不如自己的人交朋友）。

——孔 子

有德之人方可交。

——高 鸣

圣人孔子对交友设了一个底线，定了一个标准，那就是：不如自己的人不能交朋友。真是“智者千虑，必有一失”。在这里，孔子有失。要是全天下的人都按照孔子的话去做，则天下无友。你想，人与人之间总是有区别的，不是你不如他，就是他不如你。你不如他想找他做朋友，可他不愿啊，因为你不如他；他又想找比他强的，而比他强的又不愿成为他的朋友，如此类推，世上哪有朋友？

在孔子那个年代，甚至几千年以来，有谁超过了孔子？如果孔子的上述说法成立的话，孔子就没朋友可交了。后人好像是说不上来孔子有几个朋友，只知道他学生成群。可我想，他所喜欢的弟子，其实

孔子

是可以看做他的朋友的。因此，人是避免不了要和不如自己的人交朋友的。

孔子教导我们，要和比自己强的人交朋友，目的不难明白，他是要我们通过与比自己行的人交朋友，学到更多东西，加快自身进步。这本没错，错在他要我们拒绝和不如自己的人交朋友。我们知道，强的人也有弱的地方，弱的人也有强的地方，所以强的人还是可以把弱的人身上强的东西取过来，以补自己之弱。孔子本人聪明一世，可以说比谁都强，但我相信，他一定曾在不如他的人那里学到东西，吸取过“营养”。

我在这里反思孔子的“无友不如己者”，反思他的择友底线和标准，并不是说交友可以没有底线和标准。其实，我是非常提倡交友要有底线和标准的。我以为，交友的底线是：朋友一定要是有德之人。我以为，交友的标准是：对方有德且与之相互欣赏。为什么要把有德当成交友的底线呢？这是因为，有德之人和无德之人在一起一定不舒服。所谓人以群分，人不至于会为了交个朋友，自找不舒服吧。这是因为，我们就是要让无德之人孤立起来，让他到处碰壁，从而回头，变得有德起来，倘若让这种无德之人照样朋友多多，舒舒服服，他（她）还会改过自新吗？为什么要把对方有德且与之相互欣赏，作为交友的标准呢？道理很简单：这个世界有德之人实在太多了，太多的人不可能全成为朋友，我们只能从中选择部分有德之人，而这部分，就取决于相互欣赏。你看马克思和恩格斯，他们都有德，心中装着解放全人类的理想，又相互欣赏对方的才华等等，所以他们建立了伟大的友谊。你看鲁迅和瞿秋白，他们都有德，且相互欣赏对方的才气等等，所以他们才有了“人生得一知己足矣”的感慨。

我和两千多年前的孔子一样，各自都有交友的标准；不一样的是，我和他交友的标准。读者诸君，你有交友的标准吗？你交友的标准是什么？

41. 恋爱是一辈子的事

初恋是唯一的恋爱。

——歌　德

初恋仅是恋爱的一种。

——高　鸣

初恋是美好的，初恋是珍贵的，初恋是唯一的。第二次恋爱便不是初恋了，可初恋不是唯一的恋爱，初恋仅是恋爱的一种。

文人梁实秋，晚年丧爱妻，很痛苦，可他运气好，不久便重新恋爱、结婚，幸福到永远。我见过梁实秋和他第二任妻子的往来书信，字里行间充满了恋情，洋溢着爱意。还有那个张学良，他和赵四小姐也非初恋，不是照样恋爱，白头到老吗？对了，还有科学家杨振宁，八十二岁还恋爱，娶了二十八岁的新娘。无数事实证明，初恋不是唯一的恋爱，初恋仅是恋爱的一种，人的恋爱是一辈子的事。

恋爱是高级动物的特征，高级动物已经不满足于性的吸引、不满足于动物性的性交需要了；他们需要的是灵与肉的统一，即恋爱，即爱情。什么叫爱情？爱情是性吸引加友谊。由此可见，初恋不是唯一的恋爱、唯一的爱情，因为性吸引也好，友谊也好，性吸引加友谊也好，是一个成年人永远需要的，并不会因为一次初恋，把“能量”全部释放完毕。自然法则决定了异性相吸，只有这样，人类才会延续，要是初恋是唯一的恋爱，恐怕异性就无法长期相吸，恐怕人类就无法延续了。

当然，初恋和初恋以外的恋爱有点不一样，相比之下，初恋的味道会更浓一些、更新鲜一些，这是事实；但是，初恋以外还有恋爱，这也是事实。而且，初恋以外的恋爱，也有其初恋无法比拟的美，如成熟之美，如深沉之美，如理性之美。生活中，我们见到的生死恋、婚外恋、黄昏恋，热烈而悲壮，难道还称不上普遍意义上的恋爱吗？

只承认初恋是恋爱，否认初恋以外的恋爱，既是不符合事实的，也是不符合人性的。我们不能为了美化初恋，而把初恋无限“拔高”，把她压倒一切。有初恋，又有其他种种的恋爱，才不是一花独放，才能百花齐放，满园春色，万紫千红总是春。

只把初恋当恋爱，还大有“存天理，灭人欲”的味道，甚至有点“恋爱计划经济”、“有限供给”的意思。还是孔子说得好：“食、色，性也。”这里的“色”，就是恋爱，就是做爱，这样的“性也”，可能仅指少年的初恋吗？显然是人一辈子的“性也”。

人类是要追求幸福的，而恋爱是幸福重要的组成部分。一辈子恋爱，才是幸福的，也是可行的。社会应当创造宽松的环境，鼓励之，为你，为我，为他，为大家。

歌 德

42. 该是老实人多

一万个人中间只不过有一个老实人。

—— 莎士比亚

这个世界上，应该还是老实人多。

—— 高 鸣

在莎士比亚的眼里，老实人少得可怜，居然只有万分之一。这可能吗？显然不对。莎士比亚的问题出在哪里呢？他一定是把老实人的标准定得太高了，也许他连自己都没有划入老实人的行列吧。

毛泽东说过，凡有人群的地方，都有左中右。人的智商也是这样的，有智商特高的人，有智商平平的人，也有智商特低，所谓智残的人。如今，人的财富也分三六九等，大富的人为百分之五左右，大部分人为小康为勉强温饱，少数的为贫困人群，需要救济。由此可见，两头小中间大，似乎是一种常态，是一种规律。大约只有如此，这个世界才平衡吧。一边倒，容易出问题。你想想看，一万个人中假如真

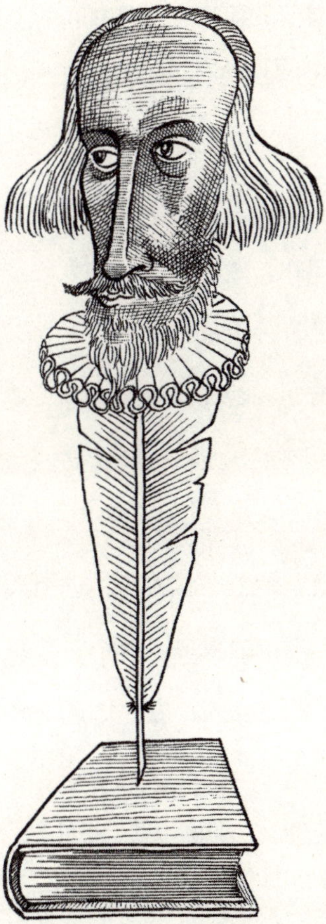

莎士比亚

的只有一个老实人，那老实人就孤立无援，被那绝大多数要么打倒，要么同化，最终连一个老实人也没有了。世界真的会这么可怕吗？不会的！根据两头小中间大的原理，十分老实的人和比较老实的人，肯定占大多数，可称得上不老实的人，必定是少数派。

人活在世上，要生存、要发展，就要和无数的人打交道。人是高级动物，高级动物的思想和感情都复杂。人人复杂，人际关系就复杂。在复杂的人际关系中，要做一个绝对的老实人很难，在一些特定的时刻、一些特定的场合，人就难免会说一些违心的话，做一些违心的事。这样，这个人就会被别人说成不老实。我们大家知道的周恩来，不是也说了一些违心的话，做了一些违心的事吗？但是，我们不能把这些人统统定性为不老实的人，就像一个人有一点私心，我们不能把他说成自私的人一样。

说一万个人中只不过有一个老实人，是不公允的，更是非常有害的。害在哪里呢？害在它由于传递了一个错误的信息，会使那些摇摆在老实人和非老实人中的比较老实的人，误以为不老实的人是正常人，老实人是稀有动物，是要吃亏的，因此向不老实的人靠拢，久而久之，也成为一个不老实的人了。上述错误的信息，还会使那些原本就不老实的人，由此觉得不老实理所当然，人人如此，做个不老实的人心安理得，无需改变自己，可以在不老实的路上永远走下去。

人的世界，老实人多，则和谐，则进步。客观现实也是这样，要不是世上有那么多老实人，社会何以发展，哪来如此精彩！要是城乡均是不老实的人，人的世界早就垮了，不复存在了。

我是这么想的，一个人，在自己的眼里，世上老实人多，这个人就容易成为老实人；在自己的眼里，世上不老实的人多，这个人就容易成为不老实的人。所以，社会要造就更多的老实人，就先得让更多的人相信，世间还是老实人居多。

43. 幸福不是单一的

幸福是暴风雨中的搏斗，而不是在月下弹琴、花前吟诗。

——丁 玲

幸福来自暴风雨中的搏斗，也来自月下弹琴、花前吟诗。

——高 鸣

女作家丁玲的青春年华是在严酷的战争年代度过的，因此她对幸福的感受更多的来自“暴风雨中的搏斗”。我可以理解她的感受，但我不同意她对幸福下的定义。因为她的这种感受，只是某一群人在某一特定的历史条件下的感受而已，对于整个人类来讲，并没有完整的普遍意义。

如今的中国人，生活在和平的环境里，已经远离战争，可是，不等于说，现在就没有“暴风雨中的搏斗”。生存和发展总是艰难的，我们还要面对自然灾害，还要面对社会的不公，还要面对工作和生活中的种种矛盾。凡此种种，都需要我们去“搏斗”，在“搏斗”的过

丁玲

程中，在“搏斗”取得的胜利中，我们同样可以获得如丁玲感受到的那种“搏斗”式的幸福。可这种幸福仅是幸福的一种，仅是幸福的一部分，幸福还有更多的内容，比如丁玲所说的“月下弹琴、花前吟诗”。

无论是战争年代的“搏斗”，还是和平年代的“搏斗”，都是不可避免的。这种“搏斗”，不仅本身可以直接给人幸福的感受，而且为其他的幸福创造了条件。就说战争吧，消灭敌人本身是幸福的，同时战争取胜了，还能带来和平的幸福。再说和平年代的“搏斗”，解决了天灾或工作中的问题，本身幸福，同时保护和创造了财富，还能提高生活质量，提高幸福指数。

其实，说到底，“搏斗”只是手段，目的是要取得“搏斗”的结果。比如战争是手段，和平是目的；比如工作是手段，创造物质和精神财富，更好地生活是目的。从这个意义上说，人类幸福的本质，不在“搏斗”，而在享受“搏斗”带来的成果。正因为有了对“搏斗”成果的希望，才使得“搏斗”有了意义和动力，有了“搏斗”中的快乐和幸福。

无论如何，我们是不该忽略月下弹琴和花前吟诗式的幸福的，因为这正是人类真正需要的生活，这正是人类追求的生活。正是为了这种理想的生活，我们才去“搏斗”，所谓与天斗，与地斗，与人斗。如果我们今天的“搏斗”不是为了明天的生活幸福，今天的“搏斗”将毫无意义，今天的“搏斗”本身将毫无幸福可言。

工作是幸福的，休闲是幸福的，处理好两者的关系，两种幸福加起来，就会更加幸福。

44. 幸福不是梦

幸福不过是梦，而辛苦才是现实。

—— 伏尔泰

梦有美梦，也有噩梦；现实中有辛苦，也有幸福。

—— 高 鸣

大凡人，都做过梦吧。有的梦还真美，身临梦中，自有幸福的感觉。可说幸福不过是梦，就不对了，幸福更多地在现实生活中。其实，有一点，梦和现实是一样的，这就是：梦有美梦和噩梦之分，现实也如此，现实也由幸福和不幸组成。所以，说辛苦才是现实也不对。

为什么在有些人的感觉里，幸福全在梦里，辛苦全在现实里？是这些人人生的经历特别不幸吗？是社会对他们尤其不公吗？不是的。是他们看世界的眼光出了问题。他们是戴了黑色的眼镜看世界，在他们的眼里，世界一片黑暗，所以他们就悲观，他们就看问题绝对化。明明世界是黑白相间的，光明和黑暗共存的，可他们只见一面，不见

另一面，所以睁着眼睛的时候说世界是黑的，现实全是辛苦的；只有闭上眼睛，进入梦中，才发现另一面，即光明的一面、美好的一面。所以他们说，幸福不过是梦。

伏尔泰是作家、是名人，他的作品拥有一大批读者，用如今时髦的话说，他是有许多“粉丝”的。他成名成家，被人认可、受人尊敬，完全是在现实中，并非在梦中。如果心态好一些，乐观一点，这已经够他有那么一点幸福感了，可他偏不承认，没感觉。这有什么办法呢！

有句话说得好，不是这个世界缺少美，而是缺少发现美的眼光。

幸福和美一样，不是这个世界缺少幸福，而是部分人类缺少对幸福的感受。幸福是客观存在的，洞房花烛夜是幸福，金榜题名时是幸福，有朋自远方来是幸福。作物丰收是农民的幸福，写的书畅销是作家的幸福，人人都有自己幸福的源泉和理由。幸福，我们不必到梦中去寻找，更不要人为地把现实中的幸福赶到梦里面去。

还有一句话说："日有所思，夜有所梦。"这句话告诉我们，梦也是和现实紧密相连的。因此，我们只有在现实生活中多多创造幸福，多多思考幸福问题，才能做到梦里梦外都幸福。要是反过来，以为现实全是不幸和辛苦，悲观又失望，那结果只能是梦里梦外皆痛苦。

诚然，现实中确实有没完没了的辛苦，那又怎么样？这些辛苦正是我们获得幸福所付出的代价和成本。没有付出，哪来收获？没有辛苦，哪来幸福？

聪明的人类正在朝着这样的方向前进：辛苦日益减少，幸福日益增加。

45. 祸福之间

大祸过后，必有大福。

——歌　德

大祸过后，未必有大福。

——高　鸣

“塞翁失马，焉知非福”，说的是辩证法；祸福往往相依，也是有道理的。“大祸过后，必有大福。”这话说得绝对了，逻辑上说不通，事实也不是这么回事。我们通常听说这样的话，叫做“大难不死，必有后福”，这句话和上述歌德的那句话，倒有点异曲同工之妙。一个人被判处死刑，缓期两年执行。这算大祸了吧，这算大难不死了吧，这样的人，必有后福吗？必有大福吗？所以，不能一概而说“大祸过后，必有大福”。

塞翁失马的故事，讲的是祸福相依。祸不单行的事，生活中也不少呢。我曾见过这样一件事：一对原本还算恩爱的夫妻，因痛失爱女，双方相互责怪，结果分道离异。失爱女是祸，恩爱夫妻分手也是祸，可谓祸祸相依。

避祸迎福是人之常情，可在漫长的人生中，祸往往是不可避免的，福常常是迎而不得的。尽管如此，我们还是要有所作为，尽量增加避祸迎福的概率。福祸之间，大有文章可做。对于祸，先是立足避，一旦避而不过，则要总结经验，吸取教训，采取有效措施，以防止祸不单行、祸祸相依。大祸过后，切忌盲目乐观，以为可以坐等“必有大福”、“必有后福”。大祸过后，同样切忌一蹶不振，悲观失望，失去信心。只有在祸中学到了东西，磨炼了意志，才能转祸为福。所以说，大祸过后有大福，是要有条件的，并非无条件的必然。

祸有祸根，福有福缘。先说祸吧，大多是人为的，所谓闯祸，这“闯”便是人之为。比如酒后驾车出事故，固然其中有偶然的成分，但也有必然性可言，所以这不叫天灾、不叫倒霉，叫闯祸，喝酒是事故的祸根。为了避酒后驾车出事故之祸，就得把祸根拔除——喝酒不开车，开车不喝酒。再说福吧，大多也是人为的，所谓造福，这“造”便是人之为。比如创业成功，固然其中有天时、地利之优势，但创业者的努力不可轻视，所以不叫碰巧、不叫运气，叫有所作为。

避祸不一定能避得了，但不避，甚至去“闹”，肯定祸从天降；造福，不一定造得了，但不造，福肯定来不了。

大祸过后是什么？是未知数。从好的方向去努力，福离我们不远；不努力，或者向错误的方向行动，那么下一个祸，正在向我们走来。

46. 钱是甜的

聚敛财富也即自寻烦恼。

—— 富兰克林

赚钱是快乐和幸福的。

—— 高　鸣

我发现，在许多名人的嘴里、笔下，财富不是一个好东西。有的把财富说成是万恶之源，有的说财富会束缚人的自由，你看，富兰克林又说："聚敛财富也即自寻烦恼。"我不知道，是这些名人们清高，真的看不起财富；还是这些名人由于自己钱少，于是"吃不到葡萄说葡萄酸"；抑或这些名人自己心里是喜欢钱的，为了讨好穷人，而故意说违心话，贬低钱财。反正他们是在瞎说，我深以为，钱是甜的，钱是好东西，赚钱是快乐和幸福的。

说得通俗一点，敛财就是赚钱。钱是什么东西？钱就是可以用来换物的硬通货。所以，没钱就是没有物品，没有物品就不能生存。不能生存是最可怕的事，而赚了钱，就能解决生计问题，就能在一定程度上提高生活质量。钱的作用如此之大，钱不是甜的，又是什么味道？赚钱不是快乐和幸福，又是什么？怎能说是“也即自寻烦恼”呢？

当然，赚钱是不容易的事。人说，世界上两件事最难，一是把自己的思想装到别人的脑子里去，一是把别人口袋里的钱赚到自己手里来。做难做的事，才体现精神和价值，不叫自寻烦恼。作家写书，画家作画，科学家搞发明，同样很辛苦，为什么就不说是烦恼？说到底，还是富兰克林把创造精神财富看得神圣，把创造物质财富看得低俗。其实，这是知识分子在无端地抬高自己而贬低物质产品的创造者，贬低流通领域的商人。这是不公平的，大家都在劳动，凭什么分贵贱？

再说，富兰克林其实也是要敛财——赚钱的。否则，他靠什么糊口，靠什么养家？

为了自己的生活，为了行善，为了社会的进步，个人、企业和国家都是需要敛财的。赚钱理所当然，赚钱光荣，赚钱是快乐和幸福的！

47. 最坏的结果

死亡不是幻灭，只是换了一个地方。

——蒙田

死亡就是幻灭，不是换了一个地方。

——高鸣

搬家，就是换一个地方；移民，就是换一个地方。而死亡，绝不是换一个地方，死亡是一个生命的结束。

换一个地方，是物理性的；死亡则不同，死亡是化学性的。搬了家，可以再搬回来；移了民，可以再移回来。死亡则不同，一死不复返。

换一个地方，常常是自愿的、选择的，一般来说不是坏事，而死亡则是无可奈何，死亡是所有结果中最坏的一种。所以，判处死刑是最重的刑罚。所以，死亡比受伤严重，死亡比生病严重。企业破产，可视为企业“死”了，它也比亏损严重。

说来说去，是想说，死亡不是换个地方那么轻巧，死亡是严重的，死亡是可怕的，死亡是没有回头路可走的，死亡是最坏的结果。

生是死的对立面。既然死是最坏的结果， 那么，生命就是最最珍贵的，活着就是第一位的。把死亡仅仅看成是换一个地方，不是浪漫，是极其不严肃的，是十分有害的。有了这样的想法，就会对美好的生命不珍惜。有人说：“死了不要紧，十八年后还是一条好汉。”殊不知，十八年后的那条好汉，彼好汉非此好汉也。生命仅有一次，一死就了结。死亡意味着活生生的人变成死沉沉的灰。

现实中，好在把死亡看成换一个地方的人不多，可是轻视生命的人还是大有的。有些人烟不离口，有些人常常醉酒，有些人日常生活不讲规律，凡此种种不良的生活习惯，侵害着健康，破坏着生命。更有甚者，生活不如意，干脆轻生自杀。

我们讲人道主义，首先要活着，要有人的生命，要远离死亡，这是常识。说什么死亡只是换一个地方，真是无稽之谈，连常识的影子都没有了。

蒙田

48. 信科学不信教

科学和宗教这两者并不是对立的，在每一个善于思考的人的心目中，它们是相互补充的。

——普朗克

科学和宗教是对立的，他们是相互排斥的。

——高 鸣

科学是讲究规律的，科学是有根有据的，科学是实事求是的，科学是真实的。宗教是无规律可循的，宗教是无根无据的，宗教是既无实事又不求是的，宗教是虚幻而不真实的。可见，科学和宗教是对立的，是相互排斥的。

1+1=2，是科学，是正确的。正确的科学，可以帮助人类解决生存和发展的种种问题，所以是生产力，所以我们信之、用之，有利而无弊。

宗教是什么？马克思说得好："宗教是被压迫生灵最好的叹息，

宗教是人民的鸦片。”法国小说家莫泊桑说得也不错：“宗教，就是为了要塞满天国的财库，而让人们松开他们的钱袋口，或是使口袋变成空无一物的东西。”

我的爷爷奶奶不信教，我的父母不信教，我也不信教。我为什么不信教呢？因为我相信科学，我相信无神论，我相信实践是检验真理的标准。中国人大多不信基督教，照样活得好好的；西方人大多不信佛教，同样活得好好的，这本身就说明，所有的宗教不管用，不信也罢。信教的人喜欢求神拜佛，希望以此得到保佑和帮助。其实，那是

普朗克

不现实的，经不起实践的检验。神，根本是不存在的。佛，还不是人用泥、用沙，用其他什么人间的材料做成的？在这个世界上，人做成的东西永远超越不了人，正如电脑不如人脑一样。所以说，拜佛不如拜人。

有一次，我和单位里成百号人一起去一个有大佛的旅游景点游玩。他们几乎个个烧香，人人拜佛。只有我不仅不烧香，不拜佛，还随手捡起一块石子掷那座佛像。众人惊呆！在下山的路上，我摔了一跤。众人便说："你看，不敬佛得报应了吧！"于是，我又捡起两块石子连掷大佛两下，然后小心往山下走，这下当然就走稳了，没有摔跤。我大声对众人说，你们也看，摔跤是刚才不小心偶然的，跟敬不敬佛没关系，这才是必然的！

当然，宗教信仰自由，信不信由你，我只是说我自己，信科学不信教。

49. 女人的迷人之处

一个女子最能使人心醉的迷人之处，莫过于在一个男子汉大丈夫的胸怀前表现出来的娇弱。

—— 查尔斯·里德

一个女子最能使人心醉的迷人之处，莫过于既有女性的柔美，又有男性般的聪慧。

—— 高 鸣

在查尔斯·里德的话音里，可以听出：他是一个大男子主义者，在女人面前他是居高临下的，甚至有点把女人当成宠物的味道。我们提倡男女平等，我们提倡女士优先，有了这样的意识，欣赏女人的眼光就不一样，就会不仅欣赏女人外表的美，而且也欣赏女人内在的聪慧。有人说，女人聪明就漂亮；也有人说，女人善良就漂亮。这两种说法，都比查尔斯·里德的话高级，既表达了对女性的尊重，又反映了说者的价值观和层次。

里德

在封建社会，女人是“家里人”，女人依附于男人，女人只要为男人服务，无需为社会做事，所以“女子无才便是德”。因为女子无才，就会不和男人争高低，就会对男人俯首贴耳，就会在男人的胸怀前表现出娇弱。如今，女人成了“社会人”，享有了和男人同等的权利，同时也承担了和男人同等的义务。在这样的前提下，女人和男人一样，同样需要聪明和能干，再也不能靠“娇弱”吃饭。因此，她的迷人之处也在与时俱进，既要柔美，也要聪慧。柔美是保持女人特有的优势，聪慧是以此和男人平分春色争高低。

英国原首相撒切尔夫人，就是一个迷人的女人。你看她，既美丽，又聪明，在家能下厨房，在外能理国事，柔美的她人称“铁娘子”。中国的吴仪，也是这样迷人的女人。其实，就是在封建社会里，真正迷人的女人，也是那种才貌双全的女人，比如那个李清照，比如那个武则天。真正会欣赏女人的男人，也是不满足于女人的“娇弱”的，贾宝玉喜欢林黛玉，就是一半喜她的“娇弱”，一半欢她的才情。

常听人说：“女人太聪明，男人受不了；男人不喜欢太聪明的女人。”我试想，这样的男人十有八九对自己的聪明是没有信心的，生怕在聪明的问题上输给女人，输得一败涂地，因而被女人看不起。要是这个男人够聪明，他就不怕“棋逢对手”，还会嫌女人不够聪明，没有共同语言，话不投机半句多呢。

女人啊，要柔美，更要聪慧，不仅为了男人的欣赏，更为了自己在这个世界的自尊和地位。

50. 思想不可替代

士兵不要思想，有领袖替他们思想。

—— 希特勒

人人都要思想，思想不可替代。

—— 高 鸣

世界上有许多东西是可以替代的，思想却不可替代。当年的德国实行法西斯，重要的原因，就是千千万万的人没有了独立思想，他们的思想被人替代了。

一个社会假如大多数人不思考了，这个社会就危险了，就会出现独裁统治、专制制度，而独裁者又会千方百计反对和阻挠人们去思想，以巩固他的专制。

人类是勤奋的动物，可就有那么一些人，他们只是勤奋学习、勤奋工作，而不愿意勤奋思想。在这些人看来，学习可以增长知识和才干，工作可以创造价值、获取报酬，而思想，似乎没多大用处，说什么“思想不能当饭吃”。在这种意识的指导下，他们只习惯于学习技能的东西，劳作于具体的事物，而少有思想的兴趣和意愿，于是人云亦云、跟风、趋众、盲从。这样的结果是，替他们思想的那些个人，一旦走了一条错误的路，他们只会跟着乱跑，不会反思。

希特勒

蒙田说：“生活就是思考。”一个人不思想，就没有坚定、正确的政治方向；一个人不思想，做股票就会追涨杀跌亏钱财；一个人不思想，就会平平庸庸无所作为。

思想是行动的指南，自己的行动应该由自己的思想来指导。别指望思想由别人来替代会有好的结果，别人的思想，通常是为他自己的意志和利益服务的。思想由别人来替代，搞不好自己就成了别人的工具，搞不好自己的人格和利益就被别人侵犯了。

据说，人都是有惰性的，但一个有理智的人当懂得：再懒，也不能懒于思考。要知道，人之所以为人，首要的是会思想。只有养成了思想的习惯，人才会进步，才不至于退化，不至于落后。

为了完善自己，为了自身的利益和社会的前进，让我们共勉之：多多思想吧！

图书在版编目（CIP）数据

名言有毒/高鸣著. —上海：文汇出版社，2010.7

ISBN 978-7-80741-956-3

Ⅰ.①名… Ⅱ.①高… Ⅲ.①格言—世界—通俗读物 Ⅳ.①H033-49

中国版本图书馆CIP数据核字（2010）第135704号

名言有毒

著作权人 / 高　鸣
责任编辑 / 熊　勇　吴　斐
装帧设计 / 刘　啸
插　　画 / 魏　克

出版发行 / 文匯出版社
上海市威海路755号
（邮政编码200041）
印刷装订 / 苏州华美教育印刷厂
版　　次 / 2010年7月第1版
印　　次 / 2010年7月第1次印刷
开　　本 / 787×1092　1/16
印　　张 / 10.25
印　　数 / 1-10000

ISBN 978-7-80741-956-3
定　　价 / 25.00元